U0627876

多少初见，转眼荒凉

纳兰容若传

夏墨 著

中国致公出版社

图书在版编目（CIP）数据

多少初见，转眼荒凉：纳兰容若传 / 夏墨著. --
北京：中国致公出版社，2021

ISBN 978-7-5145-1842-9

Ⅰ. ①多… Ⅱ. ①夏… Ⅲ. ①纳兰性德（1655 - 1685）- 传记 Ⅳ. ① K825.6

中国版本图书馆 CIP 数据核字 (2021) 第 047831 号

多少初见，转眼荒凉：纳兰容若传 / 夏墨 著
DUOSHAO CHUJIAN, ZHUANYAN HUANGLIANG: NALAN RONGRUO ZHUAN

出　　版	中国致公出版社 （北京市朝阳区八里庄西里 100 号住邦 2000 大厦 1 号楼西区 21 层）
发　　行	中国致公出版社（010-66121708）
邮　　编	100025
责任编辑	杨　鸿
责任校对	邓新蓉
版式设计	新视点
印　　刷	天津丰富彩艺印刷有限公司
版　　次	2021 年 8 月第 1 版
印　　次	2021 年 8 月第 1 次印刷
开　　本	880mm × 1230mm　1 / 32
印　　张	8.75
字　　数	160 千字
书　　号	ISBN 978-7-5145-1842-9
定　　价	50.00 元

序言

诗的生命力并非来源于文字，而是扎根于灵魂。当它蓬勃绽放，诗意的芬芳会穿越时间，千百年后读来依然动人心弦，唇齿留香。

所以，人们在匆忙的时代，在安静的一隅，在历经人生风雨沧桑后，仍会不经意地感叹起来自几百年前“人生若只如初见”的忧伤。因为，那些来自诗者灵魂深处最纯粹的力量，在几百年的沧桑历史中，并没有失去温度。

三百多年来，纳兰容若的故事，时至今日仍在世间流传。

纳兰容若在父母美好的期待中来到人间。生于富贵之家，又才学出众，他的身上被贴上了太多令世人艳羡的标签：身份高贵的相国公子、文武俱佳的御前侍卫、才华横溢的优秀词人……

世俗的标签，是他人眼中的光环，却并非他心中所求。

他在达官贵人中深感孤独，爱与布衣文人结交，用文墨系成情感的纽带，在文学的浩瀚海洋里快意驰骋。

他无心功名利禄，喜欢畅游诗词世界，用一字一句结成灵魂的网，网罗世间深情，留下种种难忘的回忆。

他像极了当下在生活中沉沦的人们，渴望逃离，又无法逃离。

富贵成了一把华丽的锁，锁住了他的自由，他只能与孤独为伍。他的心中有一个难以抵达的远方。

除了深不见底的寂寞，爱情又在他的生命中写下了浓重的一笔。

在年少时，与表妹的一段难忘情缘，有甜蜜，却也留下了深深的遗憾。

在父母的媒妁之言中，他遇见了爱情，这也许用完了他所有的幸运。温暖的情感为他注入了源源不断的创作灵感，可情深不寿，爱妻相伴三载便悄然离世，给他留下了一片忧伤。他续弦娶了第二位妻子，而彼时他已经满心伤痛。

人生种种境遇，凝结成种种味道，化成一字一句，流淌成诗。在沉默中诉说着寂寞、孤独、爱与伤痕……又缓缓流经时代，流到每个人的心底，结成不同的故事、不同的形状。

近代学者王国维给了他极高赞扬："纳兰容若以自然之眼观物，以自然之舌言情。此由初入中原未染汉人风气，故能真切如此。北宋以来，一人而已。"晚清词人况周颐也评价"容若承平少年，乌衣公子，天分绝高”，并在《蕙风词话》中誉其为“国初第一词手”。

纳兰容若的诗词造诣，可见一斑。但让人印象最深刻的并非这些赞誉和荣耀，而是他人生征程里的灿烂与落寞，以及那些诗词背后对人生深刻的领悟和思考。当你某时某刻，读到他的某句诗词，心底会忽然生出一种穿越时空的共鸣。

也许，正是因为某一句诗词，连接起彼此的生命。于是，我们遇见了三百多年前的纳兰容若，这注定是一段美丽的缘分。

目录

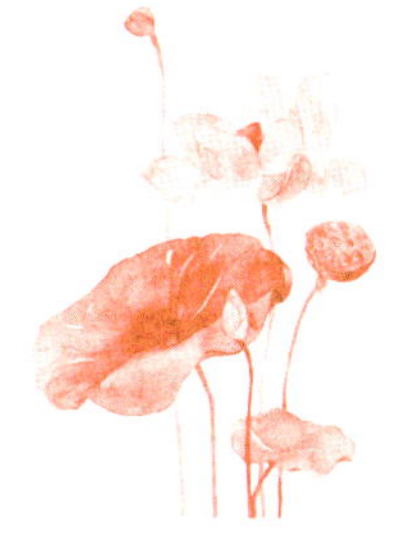

第一章

钟鸣鼎食，贵胄少年的命运底色

沿着血脉之路

人生一世，死亡是我们共同的终点。

经历了山水一程，大多数人在时间中被淹没，极少数人被夹在岁月的书页里，幸运地成为一个被历史记得的标本。

活着的痛，会成全死后的悲剧之美。

翻开纳兰公子的那一页，满眼皆是隔世的繁华与苍凉。生命最初的模样被涂涂抹抹，反复描摹。但隔着数百年的山南水北，凭借只字片言，我们抚去薄尘，仍可听到他以一颗赤子之心，在用力奏着时代的强音。

漫漫风沙里，故事在十六世纪的东北扈伦四部（即海西女真）拉开了前传的序幕。

权力争斗之下，政治联姻是屡见不鲜的戏码。作为海西女真势力最强大的叶赫部，贵族之女叶赫那拉·孟古哲哲站在了清太祖努尔哈赤的身后。八岁那年，她的命运就与扩张版图的征战之路绑在了一起。

十四岁，她坐上了命运的花轿，婚后四年，为努尔哈赤诞下了儿子皇太极。

虽然母凭子贵，但这场政治联姻没有给孟古哲哲带来幸福。就在生下皇太极的第二年，努尔哈赤出兵打败了九部联军。而叶赫部，就是联军的首领军。

一个与世无争的女人，却偏偏被命运捉弄，被卷到了战争的旋涡之中。娘家与夫家反目成仇，她不知该在何处安放一颗柔弱敏感的心。

《清太祖武皇帝实录》中对孟古哲哲如此描述：

> 面如满月，丰姿妍丽，器量宽洪，端重恭俭，聪颖柔顺，见逢迎而心不喜，闻恶言而色不变，口无恶言，耳无妄听，不悦委曲谗佞辈，吻合太祖之心，始终如一，毫无过失。

在孟古哲哲一生的大多数时间里，她谨小慎微，夹在叶赫部与努尔哈赤之间左右为难。一边是家族利益，一边是挚爱夫君，她内心的

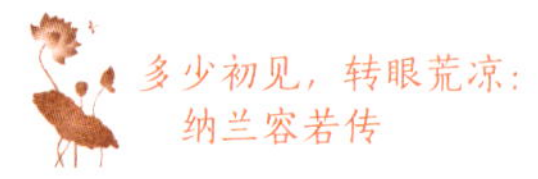

天平摇摇晃晃，整日忧思难安。

二十九岁那年，孟古哲哲因病去世。努尔哈赤悲痛欲绝，七七四十九天戒食酒肉，并将孟古哲哲葬在院中长达三年。伉俪情深，可见一斑。

天聪十年，皇太极称帝，国号大清，追封母亲为“孝慈武皇后”（后改谥为“孝慈高皇后”）。孟古哲哲成为清朝第一位死后得到皇后称号的女人。

经过了历史的洗礼，叶赫那拉氏和皇族之间的关系沉沉浮浮，像量子纠缠一样，不可分割地交织在一起。鏖战之后，叶赫那拉氏被彻底征服，追随努尔哈赤和皇太极征战四方，成为满族八大贵族之一。

叶赫那拉氏，为满洲正黄旗。“纳兰”是“那拉”的汉译，这两个字具有汉语的优美，在满汉融合的过程中，更被人所喜爱。历经了金戈铁马之后，纳兰家族故事的续写，由纳兰明珠开始。

首先梳理一下纳兰明珠与孟古哲哲之间的关系：纳兰明珠的祖父金台吉，是孟古哲哲的哥哥。如果孟古哲哲在世，他应该称其为祖姑母。

其实，纳兰明珠并不是一个含着金汤匙出生的人。或许在外人看来，纳兰一氏具有显赫家世，与皇室沾亲带故。这只是视角不同所造成的错觉。在皇家眼里，爱新觉罗氏与叶赫那拉氏相爱相杀了许多年，经历过针锋相对，也经历过貌合神离。确切地说，皇室一方面将纳兰一族视为羽翼，一方面时刻提防着。

用一句话总结纳兰氏的处境：纳兰氏，是草民眼中的贵族，是皇家眼中的家奴。

以纳兰明珠的父亲为例，他辛辛苦苦奋斗了一辈子，好不容易才混到了四品。直到纳兰明珠的出现，事情才有了转机。用今天的话来讲，纳兰明珠天生就是一个做大事的人。他心思细腻，善于钻营，以一己之力再现了纳兰氏的辉煌。

顺治八年，纳兰明珠正式进入銮仪卫，负责掌管皇帝皇后的车驾仪仗。此时，这个小小的侍卫看着并不起眼，他谨小慎微，迈着沉稳的步伐，每日奔走于长长的红色宫墙内。在波澜不惊的外表下，他收敛了锋芒，隐藏了野心与欲望。

纳兰明珠看了一下自己手里的牌，他所拥有的并不多：低微的职位，以及事隔多年几乎失效的皇族姻亲关系。不过，还好他有聪明的头脑和沉稳的性格，如何打好手里的牌，他要眼观六路，仔细筹谋，认真计算。

同一年，英亲王阿济格被削爵幽禁。阿济格是努尔哈赤的第十二个儿子，在皇家的宗室争斗中一败涂地。在这样的情况下，纳兰明珠迎娶了阿济格的五格格。纳兰氏再次与皇族联姻。

他知道，皇室女儿都是皇家的棋子。而他在风雨飘摇的处境下，默默将这枚众人不看好的棋子收入了囊中，并倍加爱护。

心有多大，舞台就有多大。起点，并不决定终点。

当时，所有人都没有料到，这一条险路，纳兰明珠却走得一帆风顺。他从一名侍卫，先后走到内务府总管、刑部尚书、武英殿大学士，乃至太子太傅的位置。不只走得快，而且走得稳。在后来康熙皇帝经历的一系列大事件中，如平定三藩、收复台湾、治水抗俄，他都是不可或缺的主要力量。所以他步步高升，成为康熙皇帝最信赖的臣子之一。

这个人城府极深，他看起来低调随和，对上上下下的人都十分和蔼。但在清心寡欲的外表下，暗藏着汹涌的权力欲望。

在纳兰明珠的功劳簿上，他曾在康熙二十三年和四十七年在京郊皂甲屯被皇帝两次立碑嘉奖，可见康熙皇帝对他极为满意。用今天的话来看，这个人深谙“职场向上管理”的精髓，吃透了皇帝的心，帮他摆平了不少糟心事。

比如在撤藩这件事上，朝堂之上整日争论不休，公说公有理，婆说婆有理。但是冷眼旁观的纳兰明珠明白，朝堂之上，天子脚下，误以为自己拥有话语权是极为愚蠢的想法。他虽低头不语，但是内心洞若观火。此时，弄清楚皇帝心里怎么想，才是最重要的事。

聪明如他，早就洞悉了康熙皇帝的心思。龙椅上这个十几岁的少年，在酝酿着一个大计划。这张青涩的面孔被很多人低估和误读着。而此刻自己的使命，就是成为一个助推者，代替那个渴望收回权力的少年，说出他不方便说的话，撑起他至高无上的威严。

敏锐的政治嗅觉告诉他，这是一次不可错过的机会。

于是那一天，他做了一场慷慨激昂的演讲，有理有据，引经据典，论述撤藩的重要性和必要性。他知道，这篇提前准备好的小作文，就是他的面试演说，是他权力之路的敲门砖。

他要将命运的风筝线，紧紧攥在自己手中。

纳兰明珠的一字一句，都落到了康熙的心坎上。他的眼神中闪过一丝不易察觉的惊喜，故作片刻纠结之后，他愉快地接受了撤藩的建议。

变局之下，三藩叛乱开始此起彼伏。反对撤藩的索额图试图归罪于纳兰明珠，连连上疏请诛。纳兰明珠站在命运的十字路口，提着脑袋在进行一场豪赌。

惊涛骇浪之中，他没有过一丝动摇，表现出了惊人的定力。他的信心，来自皇帝的决心。

果然，军事经验不足的康熙不只采纳了纳兰明珠的建议，还授意他成为三藩战争的指挥者之一。三藩平定，龙心大悦，康熙牢牢记住了这个功臣，提升其为武英殿大学士，并与王熙共同掌管兵部尚书的要职。纳兰明珠从此进入了大清朝的权力中心，有了与索额图分庭抗礼的实力。

擅长布局的纳兰明珠，因为玩转了权力的算盘，换来满门清贵，后来成为一代权相。在北京的后海，有一处宋庆龄故居，当年就是纳兰明珠的后花园。

权力之巅，生死一瞬。提着脑袋换来的一切，他要拼命守护。纳兰明珠不愿意这辛苦得来的一切，转眼成空。作为一名父亲，他希望儿子们能够稳固他打下的基业，继承衣钵，延续家门荣光。

他的三个儿子，分别是长子纳兰容若，次子纳兰揆叙，幼子纳兰揆方，皆是正室所出，也就是阿济格的女儿所生。纳兰明珠在长子容若身上，寄予了最大的希望。这个孩子天资聪慧，承载了最多的瞩目。然而，这只是明珠的一厢情愿。

容若生于权贵之家，却命中注定不会沾染权贵之气，无法与豺狼共舞。他像是家族里的一个异数，脚下的路，偏偏与父亲的期待背道而驰。

权力的世界，明争暗斗，一念荣枯，任何一个抉择都可以定生死，注定容不下多情之人。这个天生的情种，流连山水，钟情诗词，喜交布衣，囿于情爱，对弄权仕途毫不在意，注定无法完成续写家族荣光的使命。

历史舞台上的灯光亮起，时光深处传来浅唱低吟，如泣如诉，一颗偏离了轨道的星星，坠落在一个灯火辉煌的高宅大户。它带着三十一载的使命，挥舞着衣袖，唱尽人世悲欢。

雪花舞动的期待

顺治十一年，数九寒天。

刺骨的寒风，吹不散京城的繁华。那时的纳兰明珠，还只是大清王朝里的小角色。

在腊月十二那日，他迈着轻松的步子走进了广源寺。这里，是当时京城里香火最为鼎盛的地方。

烟雾弥漫之中，各怀心事的香客络绎不绝。本是清净之地，他们的脸上却都写满了急迫。只有纳兰明珠不动声色地立在一旁，平静地等待一个人。

那人终于出现。素衣、白眉、眼神清澈。纳兰明珠快步向前，弯腰恭敬地行礼："法琿大师。"

法琿大师是广源寺的住持，他刚刚结束一场讲经。法琿大师佛学造诣颇深，不过在当时，他的行事风格却与常人有些迥异。他虽然佛法高深，却经常语出惊人，且不喜欢做法事。尽管各路达官贵人开出了诱人的价码，他也不为所动。

他说，佛祖早已死去，让人世生生不息的不是佛祖万能的庇佑，只是一颗名曰佛法的种子，追寻佛法，倚仗他人的力量将会一无所获，唯有自己锲而不舍地寻找、努力、采撷，尘世的罪孽方会消除，无边的苦海中方会浮现一叶舟楫。

从这句话可以看出，这是一位特立独行的大师。

不过，他惊世骇俗的言论，不只得罪了不少“同行”，动了人家的“蛋糕”，也冒犯了很多虔诚祈求的善男信女。“同行”们当然不会接受这个现实，因为那意味着从此被断了财路。凡夫俗子们也不愿意相信，他们对佛法毫不关心，只是想要寄托自己的心愿，满足自我的心理需求。

这一场表演，所有参与者都乐在其中。法琿大师的清醒，反倒成为不和谐的音符。

法琿大师不屑于去叫醒这些装睡的人。他我行我素，每日讲经，全然不顾外面的流言蜚语。在这种情况下，依然能够信赖和认可他的人，都是些聪明人。纳兰明珠，就是其中一位。

法琿大师一眼看出了纳兰明珠的与众不同。一张清秀的脸，却带着常人不具备的沉着与冷静，必定不是寻常之辈。他的远大志向，又岂是侍卫一职能够锁住的。

而这一天，他也看出纳兰明珠不是来喝茶的。他在那张不动声色的脸上，敏锐地捕捉到了一丝喜悦。原来，是纳兰明珠家中即将有新的生命诞生。初为人父的他，请求法琿大师帮忙取个名字。

在纳兰明珠看来，名字不只是一个符号，可以昭示人的一生，也可以寄托父母的爱与期待。

法琿大师淡然一笑道："明珠，你若是相信，那么一切便会是真实的，你须相信，终有一日你会成为一颗耀眼明珠，无人可直视你的光彩，你的夺目将永远地镌刻在这个朝代的历史上。而你的孩子，也将会用一生，来完成名字赋予他的使命。"

明珠愣了几秒，他虽内心早有筹谋，却没有十足的把握。听到法琿大师这一番话，仿佛打了一剂强心针，莫名多了许多信心。

法琿大师问："《易经》中有言，君子以成德为行，日可见之行也。你知道其中的含义吗？"

明珠是旗人，自小更喜欢舞枪弄棒。但天下大势，满汉要迅速融合，满人要学习汉人的文化。对于汉学经典，他当然有所研究，于是答曰："这句话是乾卦里的内容，说的是君子之行。君子的一言一行，都是在成就自己的德行。这些东西是外显的，每个人都可以看到、感受到。”

法瑾大师满意地点点头，将“成德”二字送予明珠，作为未出世孩子的名字。明珠喜不自胜，回到了府邸。

不久后的一个冬日，纳兰成德出生。命运的纤柔之手，在灯火繁星间轻轻拉开了帷幔。前世的积雪，化作了今世的雨滴。

那一天，纳兰明珠在书房的窗前伫立了良久。法瑾大师的话，反复萦绕在心头。他与这个孩子都注定是人间惊鸿，以不同的姿态写下一生的刻骨铭心。

纳兰容若二十岁的时候，康熙皇帝立了太子。因避讳太子的乳名“保成”，“成德”改为“性德”。一年后，太子改名胤礽，“性德”改回“成德”。然而一年的时光，很多人已经叫熟了性德，形成了习惯，便也随着大家去叫了。

在家里，因生于腊月时分，家人喜欢唤其“冬郎”，而朋友们更喜欢称他“容若”。“容若”二字，是他后来为自己取的字，后人皆认为这两个字组合在一起极具美感，更符合这位忧郁贵公子的气质，因此流传下来。

生命的音符刚刚奏响，尚不知这一世烟火，可以奏出怎样的悲歌。

襁褓之中的纳兰容若，好奇地环视着这个世界。他尚且读不懂，父亲看向他时眼中的炙热。即将在帝国舞台粉墨登场的纳兰明珠，在心中默默绘制了一幅宏伟蓝图。

天不赐我辉煌，我就亲手摘得。他要启动那深不见底的权谋，为眼前的这个婴孩摘下那漫天星辰。

坠入凡间的纳兰容若，在岁月的小舟上缓缓摇着，从一个婴孩，成长为玉面少年。他聪慧异常，但丝毫没有纳兰明珠的沉稳与心机。他们一个世故，一个天真；一个狂热，一个清冷。

那时候，他们都错以为父子间的差异只是时间的寻常注脚。直至多年以后，纳兰明珠望着容若的眼睛，依旧清澈得一眼能看到底，撩动不起任何欲望。他才意识到，这个孩子注定不会接他那柄铁血铸成的权力之棒。

不过，纳兰容若就像是纳兰明珠的一颗福星。从他诞生之后，纳兰明珠开始一路凯歌，在自己绘制的蓝图上插满胜利的旗帜。他用实际行动证明，他可以凭借努力改变命运。此时的纳兰府邸，早已不可同日而语。

外面的风云变幻，纳兰容若全然不知。他像所有的孩子一样，生长于父亲筑起的围城下，被关爱，被保护，也被塑造。仅仅几岁的时候，他就显现出诗词方面的天赋，被视为神童。对于其他孩子要强迫着去学的诗句，他却像见到了前世的情人，分外情切。

后来，他的好友顾贞观曾经开玩笑："你家里人喊你'冬郎'，恐怕就是希望你成为另一个韩偓吧。如此看来，他们还真的成功了。"

顾贞观所说的唐代诗人韩偓，小时候就是名声在外的神童，小名也叫冬郎。

在李商隐的一次送别宴上，年仅十岁的韩偓作赋，文采震惊四座。李商隐也为他的才华所打动，大叹后生可畏，并写诗与其唱和。其中有一句"桐花万里丹山路，雏凤清于老凤声"，就是说，这位雏凤的鸣声比老凤要清澈动听多了。

在不同的朝代，两位"冬郎"因奇妙的巧合被放在了一起，也不失为一种缘分。起名之说，固然只是顾贞观的一句玩笑话，但少年容若的诗词，丝毫不在韩偓之下。韩偓可以"十岁裁诗走马成"，而恰好在十岁的年纪，纳兰容若也写下了一首月蚀诗，显露出他令人惊叹的才华。

康熙三年，正月十五。元宵佳节本应月圆如盘，那一天却恰巧发生了月食。纳兰容若有感而作，写下了一首七绝诗《上元月蚀》：

夹道香尘拥狭斜，金波无影暗千家。

姮娥应是羞分镜，故倩轻云掩素华。

花灯之下，街道上挤满了喧嚣的人群。人们在欢声笑语中前行，开出一道狭长香径。

他们都在翘首以待，等着月亮光华照耀人间的那一刻。然而，不是所有的等待都会如愿以偿。暗影之下，祈望落空。大概是月宫中的嫦娥仙子看到人间如此热闹繁华，一时害羞，不愿打开明月之镜吧。她用轻纱薄云，悄悄掩去了自己的素衣芳华。

很难想象，这样成熟的笔触出自一个十岁孩童之手。此时纳兰容若对近体诗的把握，已经超过了成年人。事实上，清朝与唐朝相比，字音已经发生了很多变化。纳兰容若需要熟记字的平仄，还要懂唐朝的发音，着实不易。

整首诗在平仄、格律、意境与美感上，都具备了相当的水平。如此天才，恰似那一鸣惊人的雏凤，名震京城。此时，不知赠予纳兰容若“成德”之名的法璍大师作何感想，是否参透了他一生的夺目与黯然、荣耀与失落。

繁华深处，纳兰容若细数着自己的童年，眼见着纳兰府在不断叠加着权力与富贵，眼见着别人看向他的目光交织着难以言说的复杂，有羡慕，有妒忌，有讨好，有欲望，眼见着父亲将全部希望寄托于自己柔弱的肩膀上。人间骄阳似乎正好，他却始终无法融入这一切。

条条大路通罗马，他就生在了罗马。这看起来真是够幸运，奈何他所向往的根本不是罗马。

心若不动，劲风疾吹又如何。

这不是他想要踏歌的江湖，也不是他想要编织的韵脚。所有感知不到的美好，皆是海市蜃楼。深渊在侧，他体验着那些虚无和寂寞，将它们研磨成细碎的心事，以墨色淋漓于宣纸之上。

勾勒诗者灵魂

诗者的心，是敏感而孤独的。他们用敏感捕捉生命的瞬间，用孤独承载丰沛的情感；他们要与自己对话，要与自然对话，要与生活的细节对话。他们以这样别致的方式记录着世界，也塑造着自己。

纳兰容若的灵魂里，流淌着诗人的血液。在随同康熙帝巡视边疆时，他写下了这样一首精彩绝伦的诗词：

非关癖爱轻模样，冷处偏佳。别有根芽，不是人间富贵花。　　谢娘别后谁能惜？飘泊天涯。寒月悲笳，万里西风瀚海沙。

——纳兰容若《采桑子·塞上咏雪花》

边疆风景开阔了纳兰容若的视野，所谓大漠孤烟、长河落日，与京城或江南景色皆大相径庭。在粗犷的背景之下，雪花绽放在天地之间，飘摇自在，超然出尘，而这正是纳兰容若的精神标签。他不同于人间富贵花，清冷孤独，遗世独立。

这首写雪的词，如同他生命的写照。雪花晶莹美丽，可以连接天与地的对谈，但是也居无定所，无依无靠，转瞬消失在天地之间。他独爱雪花绽放的样子，虽然无根无芽，却也自由潇洒，仿佛在尘世之外，嘲笑人世间那些无法舞蹈的富贵花。

一字一句中，我们可以窥见的不仅仅是词句高雅的魅力，容若自我的定义和表达，还有这背后独属于词人的敏锐才思。

当我们每个人从懵懂中走来，命运便拿起了画笔，在时光的卷轴上，勾勒出一个独特的灵魂。属于纳兰容若的笔墨，无疑是精彩纷呈的。

纳兰容若是如何从生于富贵的相国公子，蜕变成为敏感多情、才华横溢的词人的?

年幼的纳兰容若，已经显现出一丝忧郁的气质。他对所有的输赢游戏都提不起兴致，却愿意为了院子中的落花枯叶而暗自流泪。这丝忧郁在父亲的眼中却变成了忧愁。纳兰明珠希望自己的孩子有文人的风骨，诗者的才情，贵族的风范，但也要能像父辈一样，成为英武的强者。

无疑，在父亲纳兰明珠心中，早已为纳兰容若勾勒出了一个完美的命运范本。他是个执念深重的人，这么多年他步步为营，夺得了自己想要的一切。此时在京城之中，已经流传着这样的话：“要做官，问索三；要讲情，问老明。”

“索三”就是他的对头索额图。他已经用自己的努力，站在了与索额图一样高的位置，时刻与之抗衡。他是从侍卫的起点上，披星戴月爬上去的，所以从来不曾松懈。他知道自己不能得意忘形，而是必须要建起护城墙，来守护这得来不易的位置。他也相信，凭借自己的筹谋，完全可以在这个孩子的身上延续辉煌。某种程度上，这也可以算作他人生的续写。

为了剥离容若性格中天生柔弱的部分，在他四五岁时，父亲便开始刻意训练他学习骑射。曾经，骑射是每一个八旗子弟的必修课，这是祖先的荣光。作为一个骁勇善战的民族，他们曾在马背上赢得了一切。

生于和平的时代，他们也许不必在战场上厮杀，用生命去拼搏。但是他们必须要有旺盛的斗志。弱肉强食，这是亘古不变的生存法则。

日复一日，在弓箭骑射的习惯养成中，纳兰容若的身体越发强健，战术技能超群。在后来的围猎中，那些刻苦训练的成果终于显现出来，他英勇地驰骋在队伍当中，俨然已经成为一名出色的战士。

与莽夫不同，这位文武双全的贵公子不仅懂得骑射围猎的战术技能，还懂得技能背后蕴藏的中华文化。

他曾在无数的中国儒学典籍里品读过关于打猎骑射的故事。这可以追溯到当年的周公制礼。这样的礼，在周朝就是贵族子弟的必修课，六艺之中就包含了“御”与“射”。《谷梁传·昭公八年》说，靠打猎来练兵是“礼之大者”，《周礼》中对此还有具体的设计——礼制不等于文治，打猎、打仗都是“礼”。

纳兰明珠虽然不常读书，但是父辈的经验就在眼前，他离战争更近，也接受过那些铁血洗礼。当走入了和平年代，拥有了更高的权位时，他便越发深刻地领会了读书的重要性，也格外地推崇汉文化。

“父母之爱子则为之计深远”，他知道，这些文化精髓对自己的孩子将会产生非常重要的影响。那些他曾缺失的，遗憾的，都不希望发生在容若身上。

其实，关于诗书的启蒙，在纳兰容若的生命里有一个不起眼的小人物起到了重要作用。她是纳兰容若的奶娘吴妈，这个让人钦佩的女人并非目不识丁，而是读过一些诗书，脑袋里装了不少古往今来的好故事，这在下人里十分难得。

对孩子来说，这是一件很幸福的事情。仔细一想，很多文学大家都恰巧拥有一个会讲故事的用人或保姆，这或许并不是一种巧合。

在童年的光阴里，孩童饥渴地等待着故事的灌溉。神话、历史、寓言……每一个故事、每一个人物都深深地吸引着容若。在奶娘温暖的怀抱里，轻柔的声音里，他知道了“大禹治水”的典故，听完了“嫦娥奔月”，也听完了“桃园三结义”，还能背诵李绅的《悯农》。故事里所包含的，不仅仅是趣味和猎奇，更有人间大义，有情深义重，有世间疾苦……

那些故事，像一颗颗充满灵性的种子，播撒在容若年幼的生命里，落地，生根，发芽。他变得越发敏锐、细腻。它们从未因时光流逝而凋零，它们的芬芳，在漫长的光阴里升腾，酿成灵魂中最重要的一魄。

如果说，奶娘用故事为他播下了诗歌与文学的火种，那么父亲便用教育塑造了他文人的骨骼。

肩负着家族兴衰责任的纳兰明珠格外重视孩子的教育，为他请了儒学先生。在先生的教导下，纳兰容若踏上了知识的探寻之路。天资聪颖的他勤奋好学，《三字经》《百家姓》《千家诗》……这些经典他很快就能倒背如流。有这样一位优秀的学生，先生也是十分欣慰的，常常向容若的父亲夸赞他的才思。每当此时，明珠的眼角会浮起些许笑意。那笑意，是年幼的纳兰容若心中最高的荣誉。

不过，明珠的笑容总是转瞬即逝。在家里，明珠始终保持着一位严厉父亲的形象，对容若的教育丝毫不敢放松。他有时候会在繁忙的公务中抽出身来，来考一考容若的学问，容若每一次都能对答如流。

纳兰明珠有很多藏书，那是他最珍视的财富。因为他明白，金银财富、权势地位并不稳固。只有当这些书中的精髓融进家族的血脉中，纳兰一族才能实现真正的经久不衰。

在纳兰容若心中，父亲的书房散发着迷人的魅力，他尤其喜欢那些史书古籍，《史记》《汉书》《后汉书》都是他青睐有加的。他穿梭在文字的世界里，感受着历史的波澜壮阔，风雨沉浮，感受着它的辉煌与灿烂，颓败与落寞。而在这汪洋的历史中，曾出现过那么多经天纬地的英雄豪杰，让他满心敬佩，也不断在心中树立起了英雄和君子榜样。诸葛亮、岳飞、常遇春……这一个个名字在历史的洪流中，仍旧璀璨。

史书扩大了纳兰容若的眼界与格局，也引发了他的思考，他的心变得越发敏锐，他的灵魂也更加充盈。片片心绪，融合着他的疑惑和见解，化成了优雅而动人的诗词。

在父亲骄傲和期盼的目光中，纳兰容若不断汲取知识，精进武艺。每日习武后便去读书，读书累了又去习武，文武交织，张弛有度。高超的武艺，强劲了他的骨骼，强化了他的意志，却从未剥离他的敏锐。他在史书的滋养下，也渐渐长出了诗者的灵魂。

在死亡中读懂生

日月更替，生命流转。没有人真正读懂，这是一场怎样的轮回。

人世间，生生死死。任凭各色人物与故事粉墨登场，演绎了多少爱恨情仇。但没有人能阻碍生老病死的规律，权力不能，爱也不能。

有人出生，有人告别。生命的浪潮起起落落，所有的故事，都要在给定的时间内演绎。

孩童的世界，不懂得死亡的含义。父母出于爱的保护，恨不得过滤掉人间所有的寒冷与黑色，塑造一个没有阴影的襁褓。平日在府中，纳兰容若见惯了父亲的波澜不惊，但是在法瑾大师死亡的消息传入府中时，他迅速地捕捉到了父亲没有来得及掩饰的震惊。

他敏锐地感知到，那不只是悲伤，而且夹杂了许多复杂的情绪。这让他不禁好奇，法瑾大师与纳兰府是否有关联呢?

舆论是一把杀人的尖刀，尤其在政治的棋盘里。

法琫大师不喜俗世规则，也不愿费力伪装。他这一辈子，所言皆所想，所做皆所爱，活得真叫一个畅快。纳兰明珠也曾想过，如果有来生，这样的活法似乎也不错。

可惜，法琫大师毕生所追求的“真”，动了他人毕生所追求的“利”。

所谓“情深不寿，强极则辱”。世俗之中的恶，容不得如此干净之人行走于世。他就像一面镜子，折射出了太多丑恶，提醒着他们的不堪，所以注定被倾轧。

已经遁入空门的他，只是热爱真善美。他根本无意挑战任何权威，拿走任何利益。不过，在那个闷热的午后，他还是在自己的宿命里，闻到了肃杀的味道。

他静静地坐在那里，阳光洒下，他摩挲着念珠。伴随着一阵脚步声，一群官兵闯了进来，他们以“妖言惑众”的罪名，要将他带走。

大师似乎已有预料，处变不惊，只是淡淡反问：有何证据?

官兵们面面相觑，不知如何回答。他们都是权力的玩偶，所谓证据，敌不过上面一句指令。大师忽然笑了，看着这些满脸困惑的可怜人摇了摇头，就像从来没有发生过，合掌转身走进室内。

门已经合上，官兵们不敢闯入冒犯。法琫大师是得道高僧，让人心有顾忌。每每到了门口，他们的腿都不争气地软了下来。

但几日后，法璀大师依旧不声不响，没有出门。无奈之下，他们只好破门而入。

室内的场景，让在场的所有人都惊呆在原地。法璀大师早已在房中自缢身亡，尸体凌空挂于屋内横梁，脚下却没有任何垫脚之物。众人环顾四周，地上唯有一圈烛台，其余空空如也。那烧化的红色蜡水流淌了一地，如鲜血一般触目惊心。

这件蹊跷的事情，很快就传遍了京城的每一个角落。人们越传越神，甚至都暗自猜测，这一定是大师的法术，是在传达神明的愤怒与警示。其实向大师下手，本就是掌权者想控制舆论。只是这一次弄巧成拙，反而让舆论更加不可控了，相关人员都急得如同热锅上的蚂蚁。

这次自缢事件，成了京城的一桩无头公案。衙门里加班熬了数个通宵，也没有得出什么结果。那几日，广源寺前前后后都被围得水泄不通，官兵们戒备森严地守在法璀大师的门外。毫不夸张地说，如果是他杀，就算一只苍蝇飞进去，也瞒不过这么多人的眼睛。但法璀大师如果是自杀，他到底是怎么做到的?

听了那么多故事的纳兰容若，思考了几个夜晚也想不出原委。这件事情，真的太过于诡异。他忍不住跑去问父亲："法璀大师究竟是什么人？父亲可知道他究竟是怎么死的？"

纳兰明珠看着容若困惑的样子，不由得想起了多年前他去找法琿大师求名字的那一天。转眼间，孩子已经长大，故人却已作古。那日茶香的味道，仿佛还能清晰地记起。

纳兰容若这才得知了自己姓名的来历，敏感细腻如他，迅速将前尘往事全部联系了起来，不由得为这位高师的命运叹息。同时，他也从父亲那里，得到了那个困惑了整个京城的答案。

纳兰明珠告诉容若，法琿大师说得很对，这世间哪有鬼神！他的死，只是借助了冰，想给官府一个反击罢了。

在当时的社会环境下，京城很多人家都有在地窖里储存冰的习惯。法琿大师将冰块垫在脚下，随后自缢而亡。围绕的烛火融化了冰，又熏干了水渍。这是法琿大师亲手为自己的命运写下的结局，也是他与这个世界开的一个玩笑。

这个不断被后世写进小说和影视剧中的密室桥段，就这样活生生地发生在容若的世界里。他震惊地看着父亲，这是太令人震撼的一个死亡布局。一个人要有多么聪慧的头脑和多么强大的内心，才能在众目睽睽之下不动声色地导演这个故事。而更让他佩服的，是父亲竟然可以猜出这个谜底。

这是这个旗人少年第一次聆听死亡的故事，也是第一次了解父亲的另一面。父亲能够从细节中推断出法琿大师的死亡方式，那是得益于他聪慧的头脑、务实的作风和超理性的思维。

父亲常说，自己要继承他的衣钵，完成他一生不能做完的大事。而他真的能够做到吗？他的情绪，忽然由敬佩转为忧愁，想着自己如此无能，或许终究无法成为一个合格的儿子吧。

尽管心存疑惑，但容若还是想尽力完成父亲的心愿。他一直向着父亲期待的方向努力，认真读书，刻苦练武，唯愿不辜负那殷切的期望。

在男孩的世界里，父亲是带领者。事实上，纳兰明珠对儿子的影响无处不在。

纳兰容若有一件印象很深刻的事情。那是他幼年时第一次参加家祭，提前一个月，府邸上下就忙碌起来。在仪式当天，他和很多小孩子混在一起，稀里糊涂地听着大人指挥。回想起来，很多复杂的流程和仪式他都似懂非懂，也没有记清楚，但唯独记住了分食祭肉的那一刻。

从小锦衣玉食的他，无法接受那种恶心的味道，瞬间差点呕吐出来。那是一块很粗糙的肉，只是放在开水里烫了一下，没有任何调味品，所以几乎是原始的味道。纳兰容若无法接受那种口感，立刻露出厌恶的表情，仿佛它压根不该以人类食物的形态出现。他将求助的眼神传出去，却毫无作用。一向得到家人宠爱的他，这次叫天不应，叫地不灵。

他含泪闭眼吃下了那块肉，心里充满了疑惑，不知道父亲的表情为何如此严肃，好似他犯了天大的错误。

那日家祭之后，父亲与他促膝长谈，特意解释了祭肉的来历。他们的祖先在很长一段时间里，都是过着类似于这样原始的生活。他们在白山黑水之间辗转流离，磨炼出惊人的耐力，当时最幸福的事情，就是可以烫一碗热酒，大口吃肉。

如今，八旗子弟进入京城，换了身份，享了荣华。但是祖先所经历过的种种艰难，他们不该忘却。所以不仅旗人家祭要如此，就连皇帝主持的祭祀大典，也要分食这种祭肉，为的就是忆苦思甜。

在纳兰容若这一代人身上，他们躺在祖先的光荣簿上，在富贵中长大，已经无法适应这样的食物了。据历史记载，当时很多贵族子弟都接受不了这一祭祀环节，想出了各式各样的应对方法。

比如假装吞咽，但其实偷偷把祭肉藏在了袖子里，回去再悄悄扔掉；比如假装恭敬，将祭肉放在一张油纸上，双手托起，其实油纸用调味品浸泡过，这样可以在吃祭肉的时候悄悄佐味。即使是在皇帝操办的祭天大典上，也有人敢这样做。

懂事如纳兰容若，他在父亲的话语里得知了背后蕴含的文化传统，不由得生出一番敬意，为自己的无知感到愧疚。后来，他将这件事情讲给儒学先生听。先生却又沉吟着告诉他，这不仅仅是旗人的传统。

时光倒退千年，汉人的祖先也曾经这样食肉。《史记》中记录过，汉人祭祀也要吃生肉，喝最原始的酒。可惜，伴随着时代的前行，这一礼仪已经被逐渐丢弃。

那一天，儒学先生有些激动，这似乎激起了他内心对于“世风日下”与“礼仪消亡”的惋惜，显得难以自控。纳兰容若去书房里，索性翻出《史记》，与先生一起重温，他用少年稚嫩且真挚的声音，安抚着先生的心。

河堤的垂柳绿了又绿，随着岁月的流逝，风云的变迁，小小的幼苗已经破土而出，吸收了所需的养分，不顾一切地疯长起来。这个初涉世事的白衣少年，已经渐渐褪去了眉眼间的稚嫩。他成长迅速，令人猝不及防。

京城之中，口口相传，少年的传说醉了流年。

他栖身在这人间，数着时间的划痕，摘下隐秘的心事，试图沿着挣扎、迷惘、感动和勇气踏出不一样的足迹。这时的他，尚不知眼泪千斤重，白衣易染尘，只顾一路跌跌撞撞，不问世俗，奔向阳光。

第二章

青梅竹马，

在懵懂中盛放，在遗憾中擦肩

富贵乡里的清冷游魂

内心敏感细腻的人，可以在生活的每一个细枝末节里，聆听到爱的声响。季节更替之间，他们整夜无眠，听花诉说情丝，听柳絮歌唱忧伤。他们擅于伤春悲秋，若押上了时间的韵脚，会让我们沉浸在一阕词的温暖里。

这一程山水，一场遇见，记录着春日的清浅时光。在透着凉意的清晨，白衣公子轻轻推开窗棂，感受清风迎面，红粉映入眼帘。风是软的，花是香的，公子的心却是摇曳的。如此美景，他似乎没有理由来伤怀，就像他生于富贵，世人皆认为他不该拥有愁绪。

子非鱼，焉知鱼之痛楚。在自我与现实之间，他坐在那个小小的交叉处，带着高处不胜寒的孤独，愁肠百结。

一个执念，在等待一个最美好的轮回。

少年纳兰容若沉浸在浩瀚的书海中，在笔墨间塑造着自己的文心。此时，他就像一块巨大的海绵，吸收着这个时空里的奥妙。他的视野渐渐走出了父亲的书房与儒学先生的言传，迫不及待地解锁着知识在不同领域、不同阶层、不同境遇下的面貌。

所谓“琢玉成器”，纳兰容若充分吸收了父辈们所能给予的知识，便睁开眼睛，望向更辽阔的世界。

帝都繁华，到处都是新奇有趣的玩意儿，游人络绎不绝。这样的人间烟火气，会让人流连其中，尤其那些贵族的公子小姐，更是这凡间游戏里挥斥方遒的角色。

纳兰容若最喜欢的，却是秀才赵老头开的书店。

按照今天的定义，这算是一家极具特色的独立书店，带着创办者独有的品位和温度。赵老头并非寻常之辈，他的学识并不逊色于当时的一些权贵，奈何时运不济，考试运气差了些。万般皆是命，他放下执念，开起一间书店。一边赖以糊口，一边读书，也不失为一种好的归宿。

纳兰容若自来到这家店的第一次起，就感到气味相投。店内的书籍都是赵老头亲手挑选。不同于父亲书房里的景象，这里因为突破了阶级的限制，更加包罗万象。经史子集，各类孤本善本，都让求知若渴的容若爱不释手。

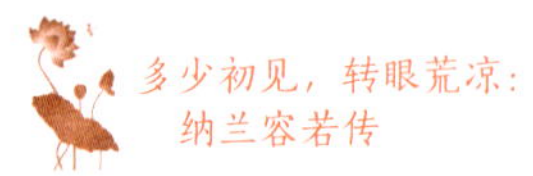

一个用心的人，一隅温暖的角落。这家书店彻底打动了纳兰容若，只要一有空闲，他就会拉上书童阿满，直奔书店。他在店里一泡就是半日，直到阿满反复催促，才恋恋不舍地合上书页。他会用心记住那个位置，改日再来阅读。

以纳兰容若的出尘气质，在哪里都像是打了专属的舞台光，让人无法忽视他的存在。

赵老头留意到了这个英俊少年，他从衣着举止上判断纳兰容若必是富贵人家之子，但看其行为丝毫没有纨绔之气。他也留意到容若喜欢读的书有些超龄，比如《左传》和《史记》这些相对艰涩的书，虽不晓得是否真能看懂，可看他的样子，分明是嗜书如痴。

有一次，纳兰容若再次来到书店，沉浸在文字世界里。赵老头按捺不住好奇，走到他的身后，指着《左传》里的"仲尼曰：'古也有志："克己复礼，仁也。"信善哉！楚灵王若能如是，岂其辱于乾溪？'"一段话问道："这句话是什么意思？"

纳兰容若回头看了一眼，不慌不忙地回答："这是仲尼在说，做人应当知道客气，样样要按照礼节去做。这是很有仁心的啊，如果楚国的灵王知道应当这样子做，也就不会死在乾溪那种地方了。"

旁边有人在赵老头耳边低语："这是明珠府的纳兰公子。"

赵老头一边惊诧，一边赞许地点头。这世间怎会有如此好看的少年，偏又有着芬芳的灵魂，真叫人欢喜和羡慕。

纳兰容若语毕，也对店主恭敬地行礼。他是这里的常客，又岂会不认得主人。

十几岁的少年，已经在京城之中享有盛名。虽有万千宠爱，却早早显露出成熟与气度。

不过，此时的纳兰容若已经感受到强烈的矛盾。幼年时，他视父亲为偶像，按照父亲的心愿习武学文，希望有朝一日延续家族荣光，不让父亲失望。但是随着年纪的增长，他渐渐有了自己的喜好与判断，原则与坚持。如今的年纪，已经是时候踏上那条道路了，他却听到了内心不同的声音。

自他出生以来，如同福星高照，纳兰明珠一路官运亨通，青云直上。纳兰容若深知，父亲在明枪暗箭下几乎付出了全部的心力。在权力的纸牌屋下，有滑稽的表演，有疯狂的病态。午夜时分，他反复扪心自问，能够演好这场戏吗？这件事情的意义是什么？

他所质疑的，是很多人趋之若鹜的。那朱门之外，络绎不绝的达官贵人渴望沾一沾王爷的衣袖，他们携带重礼，表情谄媚。纳兰容若眼见着他们在父亲周围斡旋，说着不着边际的鬼话，府里渐渐堆满了数不尽的珍宝。

这样的情景，刺痛了他一颗高傲的心。

清者，应出淤泥而不染。喝凉酒，使污钱，终为祸患的道理，几乎世人皆知，父亲为何会执迷不悟呢？

思前想后，他多次暗示父亲，可不可以不要这样做，及时收手。纳兰明珠皱着眉头看着儿子，坚定地摇了摇头。

这场游戏里，时有输赢，人之常情，但唯独没有“收手”这个选项。

明珠早已衣食无忧，当然不在意那些珍宝，但他深知，破坏游戏规则的人，是定然得不到好结果的。踏上了这条不归路，就要走下去。这其中的复杂滋味，不是此时的纳兰容若能够体味的。所以，他除了给出一个确定的结果，又能如何呢？

如今，纳兰明珠已经一步步爬上了权力的中心，瓜分着天下利益。就连家中的总管都财大气粗，不将六七品的小官员放在眼中。

从一个低眉顺目的侍卫走到今天，他已经是一个传奇，当然要把它续写下去。在他心里，祭肉的味道会让他想起那些在宫墙下来回奔走的日子。一个没有世袭官位的次子，发誓扮演好尽心尽力的奴才，渴望用自己的双手拂去明珠上的灰尘，发光发热，反过来庇佑自己的家族。

圆滑而不失方寸，周到而顾全大局，这就是明珠的人生信念。走到今日，他早已明白这世间没有黑白分明，都是灰色地带的宿命与挣扎。面对儿子的软弱，他知道无人可以守护他一世的梦幻，如果不想看他被现实碾压，就要用力地推他一把。

父亲的态度，让纳兰容若无功而返。这是一次失败的沟通。他承认，自己性格中带有软弱，无力与父亲争辩、抗衡。在强势的父亲和母亲面前，他只能不断放低自己。

纳兰容若的母亲，本是贵女出身。虽然在家道中落时嫁入纳兰府，但始终带着自小养成的尊贵性子，是个无人敢惹的狠角色。入府时，明珠对她爱护之余，更多是尊重。毕竟一个侍卫娶了阿济格的女儿，怎么都算高攀。

后来，纳兰明珠逐渐势起，身旁这位“铁娘子”一样的人物也凭借非同一般的手腕，牢牢抓紧着自己的幸福。

拥有权力的男人，让红粉佳丽们趋之若鹜。但明珠夫人的妒忌，直接逼退了这些扑上来的莺莺燕燕。毕竟权衡之下，性命要紧，就连明珠自己也不敢轻易招惹。

有一次，明珠无意夸赞一位婢女眼睛美丽。次日，夫人遣人送上一个锦盒。明珠打开后吓了一跳，那里面竟是婢女的双眼。

在这样的原生家庭中，纳兰容若的性格也难免受到了影响。心理学有研究，母亲越暴躁，儿子越容易软弱。容若那颗异常柔软的心，或许正是生长在这样的土地上。

许多年后，诗人徐志摩读到纳兰容若的一生，两个诗人的灵魂碰撞出了理解。

徐志摩说，“成容若君度过了一季比诗歌更诗意的生命，所有人都被甩在了他橹声的后面，以标准的凡夫俗子的姿态张望并艳羡着他。但谁知道，天才的悲情却反而羡慕每一个凡夫俗子的幸福，尽管他信手的一阕词就波澜过你我的一个世界，可以催漫天的烟火盛开，可以催漫山的荼縻谢尽。”

一语说尽纳兰容若的心酸。他拥有一切，却仿佛一无所有。孤身一人，在痛苦中跋涉。

北方有佳人

纳兰容若的孤单，如果有兄弟相伴，可能会有所缓解。

富贵之家讲求“多子多孙”，尤其像纳兰明珠一样的政治人物，更希望开枝散叶，人丁兴旺，为权势的巩固添加一些有效棋子。不过，在很多年的时间里，纳兰明珠都没能如愿。少年时，曾有算命先生预言他一生注定有“三子”，他一直记挂着。纳兰容若也记挂着，希望自己孤单的成长路上，能有人陪伴。

事实上，纳兰明珠的第二个儿子纳兰揆叙，足足比纳兰容若小了十九岁。再几年后，揆方出生，这才完成了“三子”的心愿。

独自长大的纳兰容若，承载着父母亲沉重的期待，倍感压力。每当想起这件事，他也会忍不住念叨，如果真有两个弟弟出生，会长什么样子，或者叫什么名字呢?

“我觉得，可以叫成谨和成亮嘛。”声音轻轻柔柔的，来自一个俏生生的小姑娘。

纳兰容若回过头去，脸上神采瞬间变为温柔的暖色。那是初春的上午，空气带着青草的芬芳，阳光透过云层洒下来，洒落在她巴掌大的脸庞上。一件淡紫色的莲花纹裙，衬得她就像个精致的瓷娃娃。

见纳兰容若看着自己发呆，她咯咯轻笑起来：“表哥你看，这件衣裳是不是很好看，绣娘可真是长了一双巧手。”

纳兰容若回过神来，露出微笑。好看的哪里是衣裳，分明是眼前人。书中说“北方有佳人，遗世而独立，一顾倾人城，再顾倾人国”。容若素来嗤之以鼻，可当她站在面前，歪着头喊一声表哥，他忽然觉得，那些为美人倾覆了江山的故事，也有了合理的土壤和根芽。

这个漂亮女孩是他的表妹，舒穆禄家的独女。因为父母双亡，所以被纳兰明珠接入府中，当作亲生女儿一样抚养。在纳兰容若的眼中，她是年纪相仿的玩伴，也是无话不谈的朋友，更是少年记忆里最明亮的色彩。

曾有传说，和珅给乾隆皇帝看了曹雪芹的《红楼梦》，乾隆看后直言，书中写的是“明珠家事”。这个说法还一度流传起来，引得很多人去对号入座。这样的说法没有实证，未必靠谱。但是也足以见得，纳兰容若的出身、性格与经历，与贾宝玉确有几分相似。如果这样来解读，他的表妹就是林黛玉的原型。

当然，表妹的性格相比黛玉要活泼开朗。她虽寄人篱下，生活在舅舅家中，但并没有如黛玉一般与周围环境格格不入，反而觉得很幸福。纳兰府邸像是一个漂亮的迷宫，引得她好奇又神往，还有一个满身才华且娇宠自己的表哥，让她觉得十分幸运。

在纳兰容若眼里，表妹的性格是他羡慕的。两人一起长大，一个粗枝大叶，不知道“哀愁”两个字怎么写；一个敏感忧伤。他最不能忘却的，就是初见她的那日。春雨刚过，土地微湿，院子里依旧有些许凉意。但是隔了一个冬日之久，大家都翻了颜色鲜艳的衣服出来，跃跃欲试地想要穿出去。

纳兰容若穿过院落，去母亲处请安，沿途看到星星点点冒出来的绿色，心情也不由得好起来。他到了母亲门前，只听见里面热闹异常，撞见了刚刚出来的奶娘，于是问个究竟。屋内传出了母亲的声音：“冬郎快进来，你姑母家的妹妹来了，真是好俊俏的孩子。”

纳兰容若抬手撩开帘子，也撩起了一段风月故事。

走进熟悉的屋子，看见那陌生的人儿，只觉得心口里怦怦地响着，好多诗书里的描写呼啸而过。那时她刚刚遭遇家变，脸上挂着忧伤，见到这一家子亲人，还有些怔怔的，眼眸有些湿润。

母亲拉过容若，向女孩子介绍道：“这便是你表哥了，你们年纪相仿，今后可以做伴一起去家塾读书。冬郎，快来见过表妹。”

容若还未来得及反应，表妹已经怯生生地行了礼。一声楚楚动人的“表哥”，算是两人初见的第一个韵脚。容若连忙扶起表妹，只觉得眼前这神仙般柔弱的女孩儿，连触碰一下都怕伤到了她。

母亲看出了他的慌乱，不由得笑了起来。那一整日，他都像是饮了酒，恍恍惚惚地总是出神。

生命里有很多痛楚，都来自初相见的美好。他们在最好的年纪，给了彼此无与伦比的暖，体验到触碰心灵的美妙，一个早慧多情，一个温婉可人，两人一起走过竹马弄青梅的时光。

她故意打趣容若：“待表哥今后有了两个弟弟：一个叫成谨，一个叫成亮，只有你的名字不好，不如改成叫成诞。”容若博览群书，表妹藏在言语里的俏皮含义，他怎会听不出来，不禁立刻失笑道：“你在说我是狗吗？”

这其中的典故要追溯到三国时期。诸葛孔明家有三兄弟，分别效忠于三国，于是有人说，蜀国得了诸葛亮，是得了龙，吴国得了诸葛瑾，是得了虎，唯独魏国得了诸葛诞，是得了狗。一番比喻，三兄弟高下即分。这个故事，纳兰容若曾在《世说新语》中看到过。

话出了口，容若也有些后悔。女孩子家的心思，本就是想揶揄他，聪明的做法应该是佯装不知，让她小得意一下。只怪自己没心计，一句话扫了兴致。果然，表妹的笑脸瞬间垮了下来，嘟着嘴不肯再说话，脸上写满挫败。

此时，纳兰容若面临了每个少年成长的必修课——如何哄一个生气的女孩子。这个千古难题，让纳兰容若冥思苦想了一番。他内心七上八下，也不确定什么办法有效。最后，只得笨拙地走到表妹身旁，小心翼翼地问道："我也很喜欢三国时的诸葛亮，前些时候写了一首诗，妹妹能帮我看一眼吗？"

表妹不是爱耍小性子的人，见表哥主动示弱，立刻消了气。她最喜欢读表哥的诗，此时已经迫不及待要大饱眼福了。

诸葛垂名各古今，三分鼎足势浸淫。
蜀龙吴虎真无愧，谁解公休事魏心。

——纳兰容若《咏史》其四

这个时候的纳兰容若，更多的在作诗，尚没有学会填词。词中天地，多是柔情百转，更多滋味还待他日后慢慢体会。此刻他将这一首《咏史》拿给表妹看。她一脸严肃，一字一句吟读，看得他快要笑起来。

因为刚刚惹了祸，他断然不敢造次，于是生生将那笑意憋了回去。他一边给表妹看诗，一边小心翼翼地解释，希望弥补刚才犯下的那个小小错误。

纳兰容若对历史做了一番全新解读。他认为，大家都说诸葛亮是龙，诸葛瑾是虎，但诸葛诞也未必是狗，他只是被人误解，所以才被如此贬低。人们说他是狗，无非是因为他有叛乱之名，被认为失了风骨。但实际上，这段历史似乎还另有内情。

当时司马一族篡权，取代曹氏掌控了朝政，并不断谋害旧朝的老臣。这让诸葛诞感到非常气愤，司马氏也曾威逼诸葛诞归顺于自己，但他坚决不从，最后被司马氏以叛乱的罪名处死。这样看来，诸葛诞的叛乱其实可以算作一种正义，一种坚持。他反的也并不是魏，而是篡权的司马氏。

见纳兰容若一番慷慨激昂，表妹立刻明白了他的用意。她试图掩口遮住笑意，但还是遗漏了那双弯弯的笑眼。待纳兰容若反应过来，她已经大笑出声："表哥，原来你是想要安慰我吗？可是你有没有想过，人们根本没有误解诸葛诞，因为狗在古代并不是贬义的呀！"

一语惊醒梦中人。纳兰容若的脸唰地红了起来，他万万没想到，机灵的表妹直接道出了真相。而那正是他一时疏忽，没有考虑到的角度。

在古时，狗的意思，是夸人勇猛有力，人们将诸葛诞比作狗，其实也是在夸他是一员猛将。他一心讨好表妹，想着要为诸葛诞平反，却反而露了怯。于是，容若不好意思地挠了挠头："的确如此，表妹冰雪聪慧。"

这样的话，容若是发自内心的。表妹虽是女子，但是看问题的角度和深度都令他惊叹与钦佩。他常常在想，如果表妹是个男儿身，或许真的不会逊色于任何一个男人，也能做出一番大事来。因此在私底下，他曾经与人讲过："容若此生只佩服两个人。一个是父亲，一个是表妹。"

在纳兰容若眼中，这个美好的女孩从头到脚、从里到外都镶了金边。后来，他们爱过，错过，别过，却永远都忘不了彼此的初见，是如何怦然心动，如何心生欢喜，如何刻骨铭心。

初恋不常有美好的结局，但是它的美会在心里永生不灭。在他的生命中，这个女孩永远带着一身明媚，站在记忆深处笑靥如花。

他们只是彼此的摆渡人，终将要上了各自的岸，留下孤独的背影。那记忆中的味道，羞涩而热烈，持久而芬芳。这一生，或许她的才情被性别所困，或许她的命运被权势所囚，但她的幸运在于，因为被一位才子所深爱，而留在了历史的星空里，留在了撩人的诗句里。

记忆卷轴装满了你

在李白写下“郎骑竹马来，绕床弄青梅”的时候，大概没有想过“青梅竹马”这四个字会深种于中国人的情感深处。它成为每个人都怀揣过的纯真爱情梦，成为一种无限美好的情感意象。

当年华逝去，我们打开记忆的闸门，会深深怀念起那种光是想一想、念一念都会觉得美好的存在。这一生，完美的爱情与持久的婚姻都需要运气，但两小无猜的纯真初恋，似乎每个人都会遇到。那时候，我们尚不懂得沧海桑田，也没有与全世界为敌的勇气。两个人就像生来就该走在一起，所有的喜欢都是那样理所当然、恰如其分。

在纳兰容若的少年时代，他与表妹就是这样两小无猜、形影不离。两人之间不必揣测，不必猜疑，并肩走过时光的长河。

作为人生中的第一段感情，与表妹之间的纯爱是纳兰容若终生难以忘怀的。他本是多情之人，内心柔软异常，纵使没能相伴一生，但他始终将表妹的样子刻在心上，留下一道抹不去的美丽倩影。

在相关古籍中，我们找不到关于容若表妹的详细记载。在历史的烟云里，她像是一道影子，或是一团雾，看不清面目，却感受得到色彩，在纳兰诗词中留下一些片段，几抹幽香。

表妹喜欢雪，也喜欢梅。由此可见，她的性情中也有几分雅致，与纳兰容若的脾气倒有些许相投。她还喜欢纳兰府后院的一架藤萝，长长的藤蔓垂下来，就像绿色的瀑布。

她酷爱院子的那个角落，把那当作自己的秘密基地。天气好的时候，她会坐在藤萝架下看书，度过一个安稳静谧的下午。纳兰容若只要闲暇无事，就会跑去找她，两人也不做什么，只是闲聊，或者互相看着。那时的时光，什么也不需要做，就很美好。

表妹最期待的，是藤萝花开的时刻，那些白色小花从绿色瀑布里俏皮地钻出来，像夜空的灿烂星光，一丝丝的亮，透着无边无际的绮丽。如果有风吹过，她会抽出一方香帕，将细嫩的花瓣都捡拾起来，小心翼翼包住。

纳兰容若不解，问她为何要这样做。少女扶着他的肩膀直起身子，理一理凌乱的发丝，边笑边答："当然是做藤萝饼呀。"

世人总认为，花落就是故事的终局，可她偏偏觉得那不算结束，从枝蔓上落下来，还可以在别处继续开放。

她踮着小碎步，将那花瓣送到厨房去，佐以冰糖拌成花糖馅。晚上，待厨房里的嬷嬷们揉好面，她就会拉上纳兰容若，去等待藤萝饼出锅的那一刻。

纳兰容若其实没有那么爱吃藤萝饼，但他喜欢和表妹一起等待的感觉。看她急切地将那饼撕开，丢到樱桃小口中，一边咀嚼，一边对着他笑。他会帮她擦去嘴边的饼屑，含笑看着她毫不掩饰的吃相。那时候，真以为日子会这样一直过下去。

随着光阴的流逝，他们渐渐长大。懂了些成人世界里的规则和秩序，也开始为那未知的日子，添了几分莫名的担忧。有一日，他们如往常一样在藤萝下闲坐。表妹捧着香腮，似乎若有所思。她问纳兰容若："表哥，在最好的天气里，你喜欢做什么事情呢？"

纳兰容若想都没想就回答："读书。"

表妹眨了眨眼，继续问："那么读书之后做什么？"

她的脑瓜里总是装满了奇思妙想，纳兰容若已经习惯了，顺口应道："读书之后，我还要练骑射。旗人男子为了'齐家，治国，平天下'，达到君子的要求，保家卫国，守护边疆，骑射功夫是要坚持练习的。"

她看着纳兰容若，表情竟然异常认真，又追问："那骑射完了呢？"

“骑射之后继续读书，毕竟天底下那么多书，哪儿有什么边界。”话说出口，就连纳兰容若自己也愣住了。

每个人都习惯去审视别人，却很少审视自己。因为表妹的问题，他忽然意识到自己的生活如此单调。读书为明理，骑射为成材，没有任何问题，但总归是简单了些。

纳兰容若看着表妹，不由得反问：“那你呢？”

被意外“袭击”的表妹愣了一下，清澈的眸底忽然露出一丝羞涩。她很快就掩饰了去，非常认真地回答：“清风朗月，辄思玄度。”看着她的表情，纳兰容若顿时知晓了这八个字的分量。

他当然知道，表妹最是痴迷魏晋风度的。很多人对那段历史的支离破碎感到头疼，表妹却可以说得头头是道。对每一个魏晋名士，她都如数家珍。彼时乱世，名士们对执政者失望至极，转而崇尚玄学，他们喜欢聚在一起，大口喝酒，高声清谈，开辟一处纯粹的思想天地。表妹所说的“清风朗月，辄思玄度”，来自名士刘真长和许玄度的一个典故。

在《世说新语》一书中，有记载许玄度的文字。他原名许询，玄言诗的代表人物，是当时极具人气的隐士，刘真长是他的挚友。

当时，刘真长做了丹阳尹，请许玄度前来相见。许玄度披星戴月赶来，看着眼前豪华的房屋和精致的酒食，不由得感叹，这般舒适的环境的确比在东山隐居好了太多。刘真长自然懂得朋友是怎样的人，他不以为然地回答，人的命运都是自己选择所致。果然，酒席散后，许玄度还是翩然而去，丝毫不见留恋之意。

后来，许玄度驾鹤西去，刘真长痛哭流涕。他魂不守舍地来到了好友曾经居住过的破屋，叹息着说了一句“清风朗月，辄思玄度”。

每当清风朗月的时候，他总是时不时地想起玄度。这句话的深长意味，是建立在离别的土壤上的。人世间，离别本是常态。当它注定要成为现实的时候，我们能够为之做的努力，也唯有珍惜。

表妹的这个答案，在当时或许并没有什么特殊的意味。可是生命的无常，已经织好了一张网，在等待网罗一场心碎。分飞已经注定，当离别真的到来时，他们会体验那被撕裂的滋味，从此高墙内外不相见，阻隔了所有相守的可能。往后余生，只能如同刘真长一样，在孤寂的等待中追忆故人。

这一场寻常的对话，两个年轻人都没有记挂在心上。两个人天天在一起的时候，并不觉出这些片段和话语的可贵。直到多年后猛然记起，才反刍出那意味深长的伤感与无奈。

表妹并非汉人女子，不是柔弱的类型。在祖祖辈辈的基因密码里，她也传承了马上民族的飒爽豪气。她喜欢骑马，从未感到胆怯。初时，她总是缠着纳兰容若偷偷教她，后来骑得溜了，索性告知家人们，安慰他们不会有什么危险。

天气好的时候，她会央求纳兰容若一起去郊外骑马。花样年纪的少男少女，在风中奔驰，像是一道美丽的风景线。

纳兰容若有一匹枣红马，是父亲送他的礼物。白衣公子驰骋林间，与吟诗作对的他比起来，别有一番潇洒。男孩大多有个毛病，就是喜欢在女孩面前刻意表现。有一次，纳兰容若也按捺不住，表演了一个压箱底的绝技——在奔驰过程中，忽然藏在马肚子下面。如果远望，视觉上就只见一匹马在奔跑。本想着逗表妹开心，不过这一次差点闯祸了。

表妹原本抓紧缰绳，在纳兰容若后面小心驰骋，但似乎一个不留神，前方竟然没有了表哥的身影，只剩他的枣红马在奔驰。她的心忽然被揪了起来，各种可怕的念头涌了出来，让她顿时慌乱起来，傻在原地。

这时候，纳兰容若觉察到了不对劲，连忙风驰电掣奔了回来。看着纳兰容若安然无恙出现在自己眼前，表妹不禁气得满脸通红，眼泪在眼眶里打着转。容若木讷地看着表妹，一头雾水。

纳兰容若试图化解僵局，但是又犯了大多男人都会犯的错误——装作什么事也没发生过。他嬉皮笑脸拉着表妹要去买蜜饯。表妹却用力甩开了他的手，忽地翻下了马背，一个人赌气向树林深处走去。纳兰容若看见那柔弱的肩膀一耸一耸的，分明在抽泣，才知道她真的吓坏了。

匆忙追上表妹的纳兰容若，知道自己犯了大错，他满头是汗，却笨拙地不知如何开口。这件事情的严重程度，着实吓了他一跳。因为表妹素来坚强，从来到纳兰府开始，她几乎很少流泪，千金小姐，孤苦无依，却总像个温暖的小太阳。

看着面前泪水涟涟的女孩，那一刻他仿佛意识到了什么。一直在两人之间流淌涌动的情愫，在心底冒出了粉红色的泡泡，甜蜜得快要溢出来。原来那并非兄妹之情，而是世间最美好的心动，就像藤萝花的清甜，留存在记忆的深处。

生平第一次被在意的感觉，原来如此令人欢喜，令人雀跃。他看着她的眼睛，认真地道歉，那眼里的火焰，快要将她烧起来。那一天，他们读懂了彼此的心。

回府邸的路上，他们并肩前行，偶尔相视一笑，从此山河远阔，人间烟火，无一不是你。

一别，一辈子

有些人，一转身就是一辈子。若用情至深，就会留下难以愈合的伤疤。此去经年，一别两不宽，轻轻一碰，就会隐隐作痛。

燕归花谢，早因循、又过清明。是一般风景，两样心情。犹记碧桃影里、誓三生。　乌丝阑纸娇红篆，历历春星。道休孤密约，鉴取深盟。语罢一丝香露、湿银屏。

——纳兰容若《红窗月·燕归花谢》

那一年，京城的花已经落了一地，燕子在春雨中飞回。这已经是清明时节之后，风景年年都很相似，可是已物是人非。至今还能清晰记起当时我们相遇的场景，在丝帕上写的情话历历在目，我们之间说不完的话也犹在耳边。

缘分抓不住，遗憾留终生。

写下这首词的时候，纳兰容若的心已经如同死灰。他将自己关在房中，很久不曾出门了，仿佛魂魄也倦怠了起来。家人催促他推门出去走走，他并非不愿，但走在这府中的每一个角落，到处都是物是人非的回忆。

目光所及，心就再痛一次。所有共同走过的地方，都是无声的告白。没有了心上人，他的生活就像一口枯井，任凭花开花落，也是一幅僵死的图景。

除了忧伤，他更多的是感到恐惧。他强迫自己不去想，不去念，却是难能如愿。有些事情，注定越用力，越徒然。曾经情定三生的片刻，在每个夜晚钻进来，令他在梦中泪湿衣襟。

走进书房，旧事扑面而至，她轻轻柔柔的声音再次响在耳畔。青苔爬满石阶，蛛网占据窗落，他的目光带着记忆的惯性，看向那个熟悉的角落。那里有他们一起写下的篆书，他的字整洁干净，她的字娟秀精致，字迹仍在相依，写字的人却已不复相见。他忽然打了个冷战，那穿堂而过的风，彻底吹乱了他的心绪。

纳兰容若这个天生的情种，在情感的第一站就拿到了魔鬼的课题。若他是无情之人，或许早已忘记了昨日种种，以一个说得过去的逻辑，将过去合理掩埋。可是他偏偏是个情痴，为深情所反噬，看星星像她，看月亮也像她，一颗心变得痛苦不堪，满是伤痕。

爱有多销魂，就有多伤人。因那漫无边际的喜悦，才扛不住哀伤涌来。一个信仰爱情的使徒，跌爬滚打，也逃不出这悲欢离合的梦魇。

有一句电影台词这样说："难道你不知道吗？自从我第一次看到你，我所走的每一步，都是为了靠近你。"从纳兰容若第一次见到表妹，他们的命运就悄悄缠绕起来，难以分割。而一段感情，会有很多难忘的瞬间，比如初见、比如告白、比如离别。

告白之前，感情是鼓起勇气的试探，是小心翼翼的靠近。对方的一个动作或者一个眼神，都会引发夜里的辗转反侧。直到关系挑明的那一刻，一句直白的话，一个确定的信号，会引发狂乱的心跳，也会真正找到归属感。

纳兰容若为自己的表白，选了一个桃花灼灼的日子。

以他的出身、相貌以及才学，已经是无数京城佳丽内心倾慕的对象。但他的眼睛看不见，此刻只愿为了心仪的女孩，尝遍所有的忐忑与慌乱。他没有准备什么道具，也没有刻意装扮自己，见她赴了约，就那样迫不及待地脱口而出了。

那一天，桃花开得正烈，大朵大朵的重瓣桃花簇簇拥拥。表妹如寻常一样去书房寻找纳兰容若。可爱的她忽然起了俏皮心思，蹑手蹑脚走进去，绕到纳兰容若的身后。容若在看书，其实却心不在焉。忽然后背被拍了一下，熟悉的笑声马上荡漾开来：“表哥的才华已经折服了整个京城，怎么还这样用功？”

纳兰容若回头，便看见笑吟吟的她，明媚得照亮了他的整个世界，心底一片柔软。他一时有些嘴笨，不知该说些什么，最后只得摇了摇头调侃：“就数你的嘴厉害。”

她没有再延续这个话题，反而吟诵起一首词：

夕阳谁唤下楼梯，一握香荑。回头忍笑阶前立，总无语，也依依。　　笺书直恁无凭据，休说相思。劝伊好向红窗醉，须莫及，落花时。

这是纳兰容若的新词，她是他的第一个读者。

“请教表哥，词中的‘香荑’，不知是哪家闺秀呢？”女孩眼中有种说不出的促狭，在故意捉弄容若。

其实，答案她自己又何尝不知呢？纳兰容若索性借着这个由头，说出了内心藏了很久的话，“你不知是谁吗？自然是郎骑竹马来，绕床弄青梅。”表妹当下呆住了，她没有想到表哥会如此回答自己，捉弄不成，反倒弄了自己一个大红脸。

纳兰容若从来不是言语轻佻之人。她知道，这是纳兰容若在认真向自己表白心迹。空气静止的那一瞬间，两个人的心都几乎要跳出来。那种甜蜜的尴尬，他们还不懂得如何去打破，只是那样无措地相对着。欢喜如同绵延不息的潮水，一层一层翻涌流动，激荡在心间，充实愉悦了整个人生。

他们以为，这将是一个美好故事的开篇。却不知，反而是危机的序曲。我们都以为会有无数个来日方长，却一不小心等来了后会无期。世上没有不透风的墙，何况两个没有心机的孩子丝毫掩饰不住幸福的状态。这件事情很快在府邸里传开了，引起了明珠夫人的注意。

府邸中早已有人提醒过她，她一直以为那只是表兄表妹感情深厚。但是如今事情越来越失控，为了儿子的未来，她不得不仔细筹谋。

在当时的社会习俗下，表兄妹通婚完全没有问题。但是明珠夫人知道，丈夫对儿子的期待，决定了这并不是一场应该选择的婚姻。她身为皇室之后，从小耳濡目染，将利益联姻视作理所当然。如果纳兰容若娶了表妹，并不能给纳兰府积累任何资本。

真相总是残酷的。无家无势的表妹，看似在这深宅之中被呵护着，但是在当时的婚姻市场上，她的价值被人看轻，毫无预兆地被剥夺了爱的权利。表妹的幸福，无法握在自己手上，这是万千女性悲剧的根源。

一弯冷月，无尽悲凉。明珠夫人从来不是柔肠之人，换句话说，当年她坐上花轿的那一刻，也没人会问她是否愿意。对于容若表妹的去处，她定要另有安排。于是她先派人叫来了女孩的贴身侍女，亲自嘱咐了一番。接下来，她打算立刻去找明珠，商量将很多打算加速提上日程。

自那一日起，他们相见的机会竟然越来越少。而在从前，他们从未想过会遇到这样的情形。两颗相爱的心，刚刚找到了频率，就要被迫分离，在人潮人海中慢慢走散。

辗转了几个夜晚，纳兰容若收到了表妹托人送来的一方手帕，上面是苏轼的一首《菩萨蛮》：

玉钚坠耳黄金饰，轻衫罩体香罗碧。缓步困春醪，春融脸上桃。　　花钿从委地，谁与郎为意。长爱月华清，此时憎月明。

纳兰容若内心五味杂陈，原以为可以红袖添香，却被人生生隔开。他决定要不顾一切，冲破层层藩篱。两人同住在纳兰府邸，总是有办法见到面的。在母亲眼线所不能及之处，他们相约了几次，诉说衷肠。

他们认定彼此就是自己厮守终生的人，在恪守礼节的同时，不顾一切地表白心意。那时候，他们似乎都绝望地听到了曲终的旋律，但是仍然执拗地想要坚持下去，不愿从此各自伤怀。

最后一次厮守，纳兰容若为她吟诵了一首晏几道的《鹧鸪天》：

彩袖殷勤捧玉钟，当年拚却醉颜红。舞低杨柳楼心月，歌尽桃花扇底风。　　从别后，忆相逢，几回魂梦与君同。今宵剩把银釭照，犹恐相逢是梦中。

或许是冥冥中的预示，这竟然是一首离别词。那时的他们还并不知道，今生再也不复相见，命运从此难以叠合。

年少时的爱恋，大多无疾而终。经过春夏秋冬的流转，少有人会始终沉浸在过去，反反复复触摸当时的每一个细节，念念不忘。

至情至性的纳兰容若却始终难以释怀，他们被迫分离，连一句道别都来不及说。美好的片段在回忆里一次次倒带，浓浓的情感无枝可依，这些不枯不朽的温柔，铸成了他的诗，他的词，他的魂，还有他的心。

美好的时光，落了尘埃。终局之后，他泣泪写下：

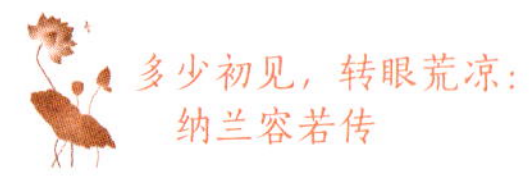

而今才道当时错，心绪凄迷。红泪偷垂，满眼春风百事非。　　情知此后来无计，强说欢期。一别如斯，落尽梨花月又西。

——纳兰容若《采桑子·而今才道当时错》

现在才明白当时的错误，心中凄凉迷乱，只能默默垂泪。我分明满眼看到的都是春风，但事物已经面目全非。事到如今，已经没有任何办法，勉强说后会有期，就这样告别彼此。梨花落尽，月亮已经在天的西方。

在纳兰容若的短暂人生中，这是他第一次面临无法反抗的命运安排。这种令人窒息的感觉，再也没有消失过。

以梦为马，在诗文的土壤中怒放

无法跨越的心墙

从来富贵烟云，都是黄粱美梦。男儿最弥足珍贵的，是情深。世人眼中的贵胄，容若从未被门第权势迷乱了眼，他只留恋那“一生一代一双人”的旷世真情。

> 一生一代一双人，争教两处销魂。相思相望不相亲，天为谁春。　　浆向蓝桥易乞，药成碧海难奔。若容相访饮牛津，相对忘贫。
>
> ——纳兰容若《画堂春·一生一代一双人》

约好了生生世世都要厮守，如今却各自天涯，独自啃噬着收不回的等待与心碎。往事尚有余温，灵魂依旧悸动，没有了你的我，终究过不了你这道情劫。

夜深人静时分，冷月隐匿云中。纳兰容若忍着揪心的疼痛，反复咀嚼离别之痛。一朝花落，何日再开？在别人的艳羡目光下，他是天之骄子，人们只知道这个生于富贵之家的公子，天资聪慧，少有才名，十七岁入太学，十八岁中举人，事事顺遂，一切安好。

华袍下虱子的啃咬，却只有他自己知道。春风得意的年纪里，他已经品尝了失去的苦涩，经历了遍体鳞伤的告别。他生平第一次感受到了在命运面前的无力感，除了用笔记录伤心，只能置身于散场的落寞中。

此时在京城之中，他已经是家喻户晓的天才少年。就连寻常人家的茶余饭后里，也会提起纳兰府出了一个才华横溢的公子。待字闺中的姑娘们，都好奇那个传言中相貌俊秀，又写得一笔好诗文的纳兰容若，该是怎样的深情男子。也有偏执者不屑一顾，认为这都是权贵人家用钱堆砌出来的泡沫，不见得真实可信，但路遥知马力，随着纳兰诗词的不断涌出，他的才华渐渐得到了当时文坛主流的认可。

纳兰容若的名字与作品，从此于坊间被传诵。这个清雅美丽的名字，与容若的气质合二为一，以独有的美感绽放在清代文坛。

外面的春风得意，抵不住内里的潜流暗涌。他并非不在意功名，但与之相比，他更希望与挚爱之人平淡携手一生。父母知他情深义重，狠不下心来，所以没有和他商量，就将表妹送入了宫门。从此，他们的故事被那一道宫墙深深隔断。

纳兰容若已经觉察到，父母亲似乎无意将表妹娶入纳兰府，他们为自己的婚事筹谋良久，看过了好多大家闺秀的生辰。他天真且软弱，以为自己虽然在婚事上没有做主的权利，但父母总会念在他一片痴心的分上，让他们有情人终成眷属。

他高估了爱情在成人世界里的分量，也低估了父母在权力上的野心。这一番被动等待，等来的是表妹入宫为妃的噩耗。清代《赁庑笔记》记载："纳兰眷一女，绝色也，有婚姻之约。旋此女入宫，顿成陌路。"

当他得知消息，策马扬鞭匆匆赶回，一切都已尘埃落定。他没能来得及做出任何努力，就失去了博弈的权利。

表妹已经离去，空留满室回忆与忧伤。"侯门一入深如海，从此萧郎是路人。"侯门尚且如此，更何况是那冰冷的宫门？

他想象着表妹离去的身影，瘦小的肩膀究竟背负了多少恐惧与无助。踏出纳兰府的那一刻，她是否会流下眼泪，是否会为他的软弱而介怀。脑海中浮现的每一个画面，都刺痛着纳兰容若的心，他连喘息都觉得疼。作为一个男子，他连深爱的女孩都守不住，他要那盛名与功名又有何用？它们每一天都会提醒着他的无能，控诉他用最珍贵的礼物与魔鬼做了交换。

这世间，比遗憾，比哀伤，比痛恨更可怕的一种情感，是愧疚。怀抱愧疚的人，会将事情的根源归结于己，他们难以释怀的不是那个“果”，而是那个“因”。他一向不喜权力，但每当沉浸在悔恨与愧疚之中时，他都恨不得自己拥有它。那些权力的拥有者，他们将苍生肆意调遣如同棋子，而他，只想夺回内心的意难平。

昔日相处的画面，如走马灯一般反复出现在不眠的夜里。月光之下，他们在回廊里并肩坐着，他能够感受到那身体的芬芳与微温，像是幸福在靠近。他用笨拙的语言说着情话，今生只认定她一人。他说愿意丢开那流光浮华，与她缱绻一世，共赴苍老。

所谓人间至美，不过凡常之间，光阴缓缓。

纳兰容若觉得，表妹走入宫门的那一瞬间，一定怨过。怨自己生是女儿身，没有执掌人生的权利，怨自己命运不济，只能寄人篱下任人摆布，怨自己信错了人，做过的约定都辜负。这些解不开的心结，都是他的自我折磨。

聪慧懂事如表妹，或许早就在那些浪漫的夜晚，看穿了故事的走向。自己被困在封建礼教的束缚中，即将成为权势的祭品。那说出承诺的人，也不过是漂流无依的浮木，尚且掌控不了自己的方向，又拿什么来保护她呢？走进那紧闭的城门，她已决意将往事封锁在心底，离开了爱着的人，真正变成了一缕漂泊的幽魂。

纳兰容若早已经悲伤蚀骨，难以自控。明珠与妻子未曾想过他会如此沉沦，一面满是心疼，一面嘱咐下人们务必看好公子。接到指令的下人们，还是时常寻不到公子的身影，焦急地寻遍府邸的每一个角落。

后来，他们有了经验，每次都在紫禁城外寻他。那里总会有他单薄的身影，痴痴遥望，想着自己如何可以混入宫中，再见表妹一面。只要见一面就好。

他想知道，她过得究竟好不好。那看似金碧辉煌却暗藏杀机的地方，是否可以安放她的温柔。他们之间的句点，画得太潦草，太匆匆。如果可以，他想要再看一看她的样子，倾诉他的思念与不舍。

妾家望江口，少年家财厚。临江起珠楼，不卖文君酒。
当年乐贞独，巢燕时为友。父兄未许人，畏妾事姑舅。
西墙邻宋玉，窥见妾眉宇。一旦及天聪，恩光生户牖。
谓言入汉宫，富贵可长久。君王纵有情，不奈陈皇后。
谁怜颊似桃，孰知腰胜柳。今日在长门，从来不如丑。

——于渍《相和歌辞·宫怨》

紫禁城之内，是拥有后宫三千的皇帝，是天下百姓的君主，但不是一个平凡女子的丈夫。在那从来不讲感情的深宫大院里，她本性天真，不善谋算，要她如何在百花丛中，寻一个无可替代的位置。那些腥风血雨的故事，他也听过些许。如果女人和女人之间的争斗，才能换来男人江山的安稳，他也不愿表妹成为家族的工具和筹码，不愿她活成那样的戏码。

相伴到老的承诺是真的，敌不过世俗的考验也是真的。如果紫禁城是一座断情绝爱的城，他希望表妹能收起那水晶般的少女心，成为可以明哲保身的幸运儿。

这一生，有些东西注定无法属于自己。当她以秀女的身份走进那道门，他们的人生就注定再无交集。她的快乐与悲伤，他再也触碰不到。

曾经，一切那么近，触手可及。

如今，一切那么远，遥遥无期。

他独自念着“清风朗月，辄思玄度”，度过一个又一个孤寂的夜晚。

纳兰容若不知道的是，在父亲的书房里，也有人熬过了几个无眠的夜。爱情难道不是一场幻觉吗？是不是一场自作孽？人为什么要抗拒命运？

纳兰明珠无论如何也想不通，他这一生见多了打着爱情旗号的胁迫、欺骗、置换，自以为已经看穿了这种所谓“佳话”背后的真相，可容若让他有那么一瞬动摇了。他感受到了动容与怜惜，似乎生平第一次触碰到了人心的盲点。

在权力倾轧之下，个体权利是可以被牺牲的。这是纳兰明珠曾经深信不疑的理念，未来也依旧是。而他在书房里的失神，才是他一生中少见的柔软与闪亮。

笔墨如雨，夺目芳华

人生自是有情痴。如果你的心里藏着一个人，就读一读纳兰词。

彤霞久绝飞琼字，人在谁边，人在谁边，今夜玉清眠不眠？　　香销被冷残灯灭，静数秋天，静数秋天，又误心期到下弦。

——纳兰容若《采桑子·彤霞久绝飞琼字》

乌衣公子，身份尊贵，唯喜欢以文为伴。他的词贵在一个“真”字，带着超逸的才华，字字含情，胜却千言万语，将那些不可言说的复杂滋味都勾连出来，让人感慨万千。隔着滚滚红尘，他的爱已成悲歌，注定困顿，无法消解，没有归期。

在这首《采桑子》中，表妹化作了天边的仙女，两人之间横亘着天上人间的距离。独留人间的他，看着烟雾散去，衾被凉透，残灯熄灭，也只能无力地望着秋天的夜，感受内心的失落，留下说不尽的哀怨低回。

词中的字字句句，都透着寂寥，触动感伤的琴弦，拨出令人心碎的乐曲。读到的人，仿佛可以隔着时空看到纳兰容若的心境一片灰蒙，不知盛了多少相思之语，生生不息，吟唱不绝。

后人总结，离情痴愿是纳兰词最擅长的领域，词风哀戚深婉，颇有南唐后主的风采。每一个纳兰迷，都会在沉浸其中的时候，为之感到心疼。

正所谓“情深不寿”，他心里的相思，似乎有千钧重量，重到一生难以承载。虽然没有“有情人终成眷属”，但能有机会承受这一番情深似海，也是表妹的幸运吧。

他将全部精力投入诗学当中，他拥有了自己的书斋，名为通志堂，和一处庭院，名为渌水亭。他曾经耗费心力编撰的一本杂文集，就叫作《渌水亭杂识》，这个地点已经化为了他灵魂的一部分。渌水亭的位置就在今日北京后海的宋庆龄纪念馆中。

为了渌水亭的建成，容若还特意写了一首七绝。

野色湖光两不分，碧云万顷变黄云。

分明一幅江村画，着个闲亭挂夕曛。

——纳兰容若《渌水亭》

《渌水亭杂识》分四卷，是纳兰容若耗时三年编撰完成的，内容涵盖了天文、地理、历史、文学、音乐等领域。

在那三年的时间里，他几乎成了一个机械书虫，将生命的所有空隙都填满。

纳兰容若在京城文人圈子里享有盛名，但是他不喜欢应酬。他本能地不喜欢人群，也说不来那些无聊的应酬话。京城的贵公子们虽然钦佩他的才华，但是在私交中也并不愿意与这个怪人混在一起。毕竟道不同不相为谋。

他总是一脸正经，不爱喝花酒，也不爱聚赌，更不爱流连那烟花柳巷之地，着实无趣得很。读书写文章这件事，被多少人拿来沽名钓誉，但真要他们搭上大把大把的光阴，恐怕没有几人如纳兰容若一般，可以守得住那小小的方寸之地。他们本就是两个世界的人，所以不必混在一起。

《渌水亭杂识》的编撰过程，表妹也曾经参与。他在初拟筹划的时候，就与她分享过全部的计划，得到了她的大力支持。他奋笔疾书的时候，她会帮他处理掉那些来干扰的对象，无论是来访，还是家里的其他琐事，都统统推掉。

纳兰明珠身居高位，所以家里难得清静。于是他搬着所有书稿到了自怡园中。那已经是纳兰府最僻静的地方了，为此，他还在这一地点亲自设计了三间小茅屋，试图打造一方不受干扰的净土。

几间茅屋，就是容身之所，纳兰容若爱上了这样简单纯粹的生活，有爱恋的人，有想做的事，有最亲近的家人，他对世界从不贪心，如此已经甚好。茅屋后的几分田地，他让下人们开垦种上了几畦小菜，一眼望去，只觉充实、温暖、安宁。

写到疲惫时，容若可以看一看那田间的葱葱绿色，或是向着小亭的方向走一走。京城的夏季天气闷热，他干脆将书稿带到亭子里，享受室外的凉爽。只要一有空，表妹就会跑来帮忙。帮他整理稿件，阅读初稿，或者干脆什么也不做，安静地陪伴着他。

这本书里，记录了诗词世界之外的另一个纳兰容若。其中有读史的感悟，有文学的杂感，甚至还有对西学的见解。他在书中写到，中国的天文学家认为天河是积气，天主教士却认为气没有不动的道理，用他们的望远镜去验证，果然发现那是一群小星星。

当时是西学东渐的时代，纳兰容若的很多见解在今日看来或许未必正确。但在那个文化变更的特殊背景下，他能够放下文化的所谓

“自尊心”，愿意去接纳和探索这一领域，已经体现出了莫大的远见和胸怀。

如果大多数人是从诗词来认识纳兰容若的，这本书则可以使人了解一个更加全面的他。对于诗词理念，他认为完全不用刻意效仿和追随古人，文学流派和发展是随着时代不断演变的，只需要跟着近代特色来抒发情感就对了，没有必要厚古薄今。可以说，其中很多见解对时代而言都是新鲜有力的。

这本书稿完成的时候，他第一时间跑去找表妹。她表情雀跃，像是自己遇到了什么喜事一般，抱着头想要为这本书稿起一个好听的名字。按照纳兰容若的喜好，他既不喜欢故作高深，也不喜欢迎合流俗，于是两人不约而同想到了《渌水亭杂识》这个名字。这心有灵犀的巧合，让这间小亭子从此留名在了历史里。

在容若当时的年纪，编撰出《渌水亭杂识》这样水准的书籍，也是石破天惊的事。很多读过的人都大加赞赏，又为纳兰容若的声名添了一笔华彩。国子监祭酒徐元文就对他大加赞赏，甚至亲自将纳兰容若引荐给兄长徐乾学，道：“司马公贤子，非常人也！”

对于一个少年来说，这已是极高的赞誉。公子才名，传遍京城，几乎无人不知。

当纳兰容若走进科场的时候，天下人都在为他欢呼。如此才华，哪里会有不入选的可能。果然，他在顺天府一路过关斩将，毫无悬念中得举人。那年他只有十八岁，纳兰府中一片欢天喜地，像过年一样热闹。

明珠夫人对这件事很重视，带着满满的仪式感将整个府邸布置起来。京城内外的官员抓住这个时机，纷纷为纳兰公子中举而送来贺礼，趁机讨好纳兰明珠。

这是纳兰容若最不喜的事情。他对那些礼物视而不见，生怕脏了自己的眼。但更厌恶的事又来侵袭，父亲为了表达感谢，以及拉拢人心，接着开始高调大宴宾客。应酬是他生平最头疼的事情。他实在搞不懂，一群人聚在一起，每个人都戴着面具说些虚伪的客套话，这究竟有什么意思呢？难道他们都不会累吗？

所以只要得空，他就会悄悄溜出来，与表妹一起去亭子里看夜景。树林被清风摇动，夜空被星光点缀，情人的眼眸闪亮如星河。

在为纳兰容若高兴的同时，她的眼里也有失落。那时容若将其解读为不甘。女子才识，未必在男儿之下，却没有机会踏出自己的一条路。她们只能将命运依托在男子身后亦步亦趋。

他向她保证，未来会与她并肩，绝不凌驾。她的全部才华与梦想，他都不会忽视。她那时笑而不语，很久以后他才明白，她的失落不只是不甘，更多的是对未来的恐惧。

一个寄人篱下的女孩最善于察言观色，在明珠与明珠夫人的脸上，她似乎已经提早看到了自己的命运。

果然，这全部的甜言蜜语，她都带到了那深深的宫墙之内。它们有时是糖，伴她走过漫漫长夜；有时是刺，害她拾不起一地眼泪。走出纳兰府，她的世界已经失去了唯一的暖色。

许久之后，她以为痛已经渐渐平复，才敢翻开那一卷《乐府诗集》。那是从前容若送的，临行前，她特意将它带在身上，却始终不敢打开。只因心有所念，目光所及满眼都是他。飞旋的落花、燕子的呢喃、寂寥的瑶琴……她不敢再去触及那诗集，生恐背负万丈尘寰，自此执念难绝。

可就在那一天，她以为内心已经全然接受了山水不相逢，但当那本诗集被翻开，一张薄纸飘落于地，熟悉的字迹还是刺痛了她的眼睛。她从来不知，这里面竟然藏有他的心事：

一枝春色又藏鸦，白石清溪望不赊。

自是多情便多絮，随风直到谢娘家。

一首《柳枝词》，字字泣血。她忽然记起，自送了这诗集以后，他曾经几次追问过她的读后感受，可惜她当时全然不知，这其中竟有这一番心思。况且，看到了又如何呢？结局已经铸就，没有哪一支笔可以颠覆。

满园的春色里，一只乌鸦藏身在绿意中，向前望去，是望不断的白石清溪。柳絮纷纷扬扬地飞舞着，或许是因为柳树多情，将绵绵不绝的爱意，借着风送到了女子的身旁。

物也非，人也非。春去花落，他们生生地立于两端，彼此站成了岸。

桃李意深深

在纳兰容若中举的那一场乡试中，他不只获得了功名，也认识了几位师友。与他一同参试的，有后来成为状元的韩菼和大名鼎鼎的曹雪芹的祖父曹寅。

“红学”中之所以流传纳兰容若就是贾宝玉的原型的说法，不只是因为乾隆皇帝的一句感叹，说“此盖为明珠家事作也”，也因为他与曹寅两人的亲密关系，使得彼此之间了解甚多，所以不排除容若身上，会有曹雪芹获取灵感的源泉。

韩菼和曹寅都成为纳兰容若一生的至交好友。除此之外，容若还结识了主考官徐乾学，成就了一段深厚的师生缘分。

在乡试之后，容若按照惯例，参加了由主考官发起的宴会。这与今天的谢师宴有些类似，在古代叫“鹿鸣宴”，取意“呦呦鹿鸣，食野之苹”。“鹿鸣宴”从唐朝就有，一直延续到清朝。这本应是文人之间相互庆贺的一种仪式，但容若不知为何，嗅到了一丝熟悉的味道，感觉这与纳兰府中经常出现的场景极为相似。

纳兰容若的直觉是准确的。这样的文化习俗背后，其实隐藏着官场的潜规则。主考官们的目的，无非是为了自己攀上高枝。这些举人当中，未来会有人通过会试和殿试，成为非常有价值的人脉。而这样近水楼台先得月的优势，他们自然不会轻易放过。对于考生来说，他们一方面仰慕主考官的学问，另一方面也有私心，想为自己的未来铺路。

就这样，考官与考生们各怀心事，彼此试探、观察、拉拢。但纳兰容若丝毫不为所动，他看不惯这样的事情，也不屑于去积累人脉。这种清高与脱俗，引起了徐乾学的注意。

同样，纳兰容若也对徐乾学有所仰慕。因为对汉文化的痴迷，他崇拜在这个领域钻研与深耕的老师。徐乾学是顾炎武的外甥，人称“昆山三徐”之一，爱书如痴，传言他用毕生心血搜集了不少儒学著作，令纳兰容若心向往之，并认定他是“学术、文章、道德罕有能兼之者，得其一已可以为师”的人。

说起来，徐乾学与纳兰容若的缘分还不止于此。此时，明珠已得康熙皇帝青睐，任左都御史。在最新的人事任命中，他又获得了一个兼职，叫作“经筵讲官”，也就是皇帝的儒学老师。

老实说，纳兰明珠虽然崇尚汉文化，也拉拢了不少文学大儒，但其本人的水准，却远远配不上这个职位。康熙皇帝的这个安排，也并非冲着他的学识，而是出于政治平衡的考虑，希望在讲官行列里放置一个有分量的旗人大臣。此时因为“三藩”理论已经获得圣宠的明珠，就成为最好的人选。

当时，与纳兰明珠同时获封经筵讲官的还有一个人，叫作徐文元，时任国子监祭酒。徐文元与徐乾学，是一对亲兄弟。徐乾学年长于徐文元，但是时运不济，所以没有弟弟的仕途走得顺。

徐乾学曾经听弟弟说起过纳兰容若，世人都言他词风浪漫，其实他还有不为人知的另一面。有一段时间，徐文元发现他经常对着国子监的十只石鼓默默发呆。

原来，这十只石鼓是由花岗岩雕刻而成，据说是三代法物中仅存的物件。儒家所有的理想都是要恢复三代之治，而在他们听学的地方，竟然就摆放着这样的器物，叫他如何不激动呢！

不过，他也对此抱有疑问，比如这十只石鼓究竟是真品，还是仿制品？上面的文字是如何雕刻的，又是如何流传下来的？它们能够在这么多年的历史中留存下来，有着怎样的故事？

其他学生从未留意过的事情，纳兰容若却为此思考了许久，最后写成了一篇《石鼓文》，展现了一个少年的逻辑思考。当时徐文元就断定，容若与其他人不同，定然可以有一番造诣。

当徐乾学遇见纳兰容若的时候，他心里的欣赏已经远远超出了萍水相逢或是道听途说来的好感，他对这个少年的了解，其实比容若认为的要多。就这样，缘分将纳兰容若与徐乾学的命运暗自打上了一个绳结。

宴会上，他们对彼此都留下了极好的印象。徐乾学心里想着一定要再寻机会与容若深入探讨。没想到三日后，纳兰容若主动登门拜访，并给徐乾学写下了一封长长的拜师信，是为《上座主徐健庵先生书》。

他在信中写道：

某以诠才末学，年未弱冠，出应科举之试，不意获受知于钜公大人，厕名贤书。榜发之日，随诸生后端拜堂下，仰瞻风采，心神肃然。既而屡赐延接，引之函丈之侧，温温乎其貌，谆谆乎其训词，又如日坐春风，令人神怿。由是入而告于亲曰："吾幸得师矣！"出而告于友曰："吾幸得师矣！"即梦寐之间，欣欣私喜曰："吾真得师矣！"夫师岂易言哉！

古人重在三之谊，并之于君亲。言亲生之，师成之，君用而行之，其恩义一也。然某窃谓师道至今日亦稍杂矣。古之患，患人不知有师。今之患，患人知有师而究不知有师。夫师者，以学术为吾师也，以文章为吾师也，以道德为吾师也。今之人谩曰，师耳，师耳。于塾则有师，于郡县长吏则有师，于乡试之举主则有师，于省试之举主则有师，甚而权势禄位之所在，则亦有师。进而问所谓学术也，文章也，道德也，弟子固不以是求之师，师亦不以是求之弟子。然则师之为师，将仅仅在奉羔、贽雁、纳履、执杖之文也哉？洙泗以上无论已。

唐必有昌黎而后李翱、皇甫湜辈肯事之为师。宋必有程、朱而后杨时、游酢、黄干辈肯事之为师。夫学术、文章、道德罕有能兼之者，得其一已可以为师。今先生不止得其一也。文章不逊于昌黎，学术、道德必本于洛、闽，固兼举其三矣，而又为某乡试之举主，是为师生之道，无乎不备。而某能不沾沾自喜乎！先生每进诸弟子于庭，示之以六经之微旨，润之以诸子百家之芬芳，且勉以立身行己之谊。一日进诲某曰："为臣贵有勿欺之忠。"某退而自思，以为少年新进，未有官守，勿欺在心，何裨于用，先生何乃以责某也？及退而读史，宋寇准年十九登第，时崇尚老成，罢遣年少者，或教之增年，准不肯，曰："吾初进取，何敢欺君？"又晏殊同年召试，见试题曰："臣曾有作，乞别命题，虽易构文，不敢欺君。"然后知所谓勿欺者，随地可以自尽。先生固因某之少年新进而亲切诲之也。某即愚不肖，敢不厚自砥砺奋发，以庶几无负君子之教育哉！承示宋元诸家经解，俱时师所未见，某当晓夜穷研，以副明训。其余诸书，尚望次第以授，俾得卒业焉。

从信中可以看出，纳兰容若对徐乾学的景仰之情。在他眼中，徐先生"为师之道，无乎不备"，是值得追随的人。他们之间的忘年交情自此开始，谱出了一曲佳话。

次年，容若参加会试，一路畅通无阻。他的朋友韩菼考取了第一名，被称为"会元"。接下来，将是科举考试最重要的部分——殿试。

保和殿上，皇帝亲自坐镇，只要抓住了机会，定可平步青云。寒窗苦读，只为一朝。这是每个考生毕生最期待的一次考试，遗憾的是，纳兰容若却缺席了这次关键的考试。

湿云全压数峰低。影凄迷，望中疑。非雾非烟，神女欲来时。若问生涯原是梦，除梦里，没人知。

——纳兰容若《江城子·咏史》

很多诗人喜爱咏史，杜牧的咏史诗以小见大，善于在细节中表达主题；李商隐喜欢借古讽今，含蓄地表达现实主义倾向。纳兰容若的咏史也有个人特色，以这一首来看，他没有从某一历史人物或历史事件入手，而是着重描写心灵感受，表现一种独特体验。

这首《江城子》，出自纳兰容若的《通志堂集》，这是一篇极别致的咏史之作。有人干脆认为，这首《江城子》与历史关系不大，之所以被归到这个类别，大半是由于楚襄王梦神女的典故。

词的第一句，给出了如梦如幻的景色，后面承接以凄迷，将那梦幻的意境渲染到极致。这时候，楚襄王梦神女的典故出现，起到了关键性的烘托作用，表述了诗人当下的情绪。

战国时期，楚国宋玉写下名篇《神女赋》。传说因为楚襄王夜梦神女，所以宋玉接下旨令。这一篇错落有致的赋，从神女的衣着形态，写到楚襄王求爱被拒的细节，仿佛真实发生一般。纳兰容若对其异常喜欢，念念不忘。其中一句“既姽婳于幽静兮，又婆娑乎人间”最为打动他，这真是楚襄王的梦境吗？还是后人赋予诗词的虚构色彩呢？

多年后，他也走进了《江城子》的梦境。亲身体验过，让他终于对楚襄王的遭遇深信不疑。

在梦里，他看见那渺渺的烟雾，天地连为一体，形态各异的山石散落在参天的树木间，每向前一步，都像踩在云上。憧憬着神女的身姿，看见了一道绮丽的影子。烟雾不断，眼前人看不清也触不到，只是那种熟悉的气味和感觉扑面而来，他不由得瞬间泪目。这个陌生又熟悉的身影，不正是他心心念念的吗？

醒来后，她的眉目笑语再度汹涌袭来。万物更新，心疾未愈。与表妹之间发生的变故，大大影响了他的心绪，时常精神恍然，状态不佳。纳兰容若自此生了一场大病，并错过了当年的殿试。

下一次机会，他要再等三年。

千万人走过的路

错过的人，满心失落。身在其中的人，也是忐忑难安的。纳兰容若因为卧病在床无法参加殿试，而即将走上考场的韩菼，也感受到了前所未有的心慌。那个他无时无刻不在向往的结果，此刻令他感到了不安。因为在意，生出了恐惧。

不知为何，他想起了李广的遗憾，于是写下了一组咏史诗，来抒发内心的情绪。

李广负才气，勇敢莫不闻。
弯弓挟大黄，射雕安足云。
奈何遭数奇，望气亦虚言。
生不逢沛公，不得策高勋。

禁中却拊髀，上有圣明君。

试问谁颇牧，何似飞将军。

他将这首诗寄送给了纳兰容若，向这位惺惺相惜的好友，诉说自己的担忧。不过，当容若收到这封信的时候，殿试已经揭榜。韩菼的名字，赫然写在状元一列。躺在病榻之上，纳兰容若为好友的高中感到由衷欣喜，同时也难免哀叹，这诗中的“李广”，或许是写给自己的吧。

韩菼之所以能够高中状元，除了文采斐然，还有更加深刻的背后原因。因为那一年即将发生一件大事，一件对康熙皇帝至关重要的大事。在纳兰明珠的推动下，“三藩”问题迫在眉睫，但康熙还需要更多声音和力量，来推动他的计划。此时，火山已经在即将喷发之际，而在暗潮涌动之中，韩菼的文章，恰好暗合了皇帝的心意。

这次殿试的考题，就是“三藩”问题。考试到了这个阶段，已经过了考验文采的时候了。此时，考生拼的是判断力，是政治敏感度。当然，这对于平日里闭门读书的书生们来说，或多或少带有押宝的性质。

和纳兰明珠一样，韩菼的宝，押中了。

他在殿试上写了一篇文章，深入探讨了“三藩”坐大的害处，以及要坚定“削藩”的理念，将其斩草除根的主题。这篇文章，就如同当初纳兰明珠在殿上的发言一样，一击即中，打动了皇帝的心。

病榻上的纳兰容若，并不知道世界正在发生着巨变。到了五月份，绿树成荫，他的病渐渐好了起来。失意的他，得到了老师徐乾学的鼓励。错过了殿试的纳兰容若，也不过十九岁而已，未来可期，前途无限。

纳兰府上，徐乾学派人送来了一筐樱桃，令纳兰容若十分感动。他当然知道，每到发榜的季节，就是樱桃宴客的时候，这个风俗从唐朝开始就流传下来。老师之所以这样做，也是在勉励自己。

作为回报，他立刻填了一首新词。

绿叶成阴春尽也，守宫偏护星星。留将颜色慰多情。分明千点泪，贮作玉壶冰。　　独卧文园方病渴，强拈红豆酬卿。感卿珍重报流莺。惜花须自爱，休只为花疼。

——纳兰容若《临江仙·谢饷樱桃》

有些人读这首词，会误以为在写情爱，其实是在写友情。此时的他，文风更加成熟，可以在寥寥数语间，自然流露出多种情绪。

“绿叶成阴春尽也，守宫偏护星星”，说的是春天即将结束，层层绿意掩盖了星星点点的樱桃。守宫，即是守宫槐，民间也叫马缨花，是家门里寻常见的树，《太平御览》引晋儒林祭酒杜行斋说：“在朗陵县南，有一树，似槐，叶昼聚合相著，夜则舒布而守宫也。”

“留将颜色慰多情。分明千点泪，贮作玉壶冰。”说的就是恩师送来了娇艳欲滴的樱桃，带着厚重的情谊，就像眼泪一样，值得珍视一生。句子生动形象，既有传唱度，又有回味的空间。到了词的下阕，纳兰容若表达了对徐乾学此举的感谢，并抒发了要怜惜花开的时刻，懂得自爱，否则花落凋残，只剩下悲伤遗怀，回到了他一贯的伤情之中。

此时，讨伐“三藩”的战事一触即发，父亲纳兰明珠在权力的舞台上搏击着，即将奏出最美妙的华章。康复的纳兰容若则重新抖擞精神，投入到了文学海洋中。他拥有了属于自己的书斋——通志堂。每逢三、六、九日，他都会去徐乾学的府上拜访，二人共同讨论大儒文化。其间他与韩菼保持着书信往来，共读明代文章，如痴如醉。

历经了风雨之后，他生命的骨骼越来越坚硬，以蓄势待发之势，向着更高的文化追求进击。

纳兰容若因病错过了殿试，直到三年后才回到考场上。那时的纳兰容若，对文学十分坚定，却对仕途格外迷茫。

在父亲的书房，他得到了一次及时的“洗脑”。这让他暗下决心，即使一生无法成为如父亲一样耀眼的人物，但也要争取建功立业，为大清王朝倾尽微薄之力，延续整个纳兰府的荣光。

堠雪翻鸦，河冰跃马，惊风吹度龙堆。阴磷夜泣，此景总堪悲。待向中宵起舞，无人处、那有村鸡。只应是，金笳暗拍，一样泪沾衣。　　须知今古事，棋枰胜负，翻覆如斯。叹纷纷蛮触，回首成非。剩得几行青史，斜阳下、断碣残碑。年华共，混同江水，流去几时回。

——纳兰容若《满庭芳·堠雪翻鸦》

从这首《满庭芳》来看，纳兰容若对建功立业一直有自己的思考。站在古代战场的遗址上，看那冰冷的雪压住苍茫草原，天空似乎也是冷色调的，当寒鸦哀叫着飞过天际，仿佛那黑色的翅膀，也扇动起沉重的往事。忽然，从天地交接之处响起马蹄声，压抑的气息渐渐逼近，直至马群从冰河上跃过。

这样的场景，可以沸腾起男儿的血，也是悲剧与泪水的源头。一将功成万骨枯，用生命堆积起来的战功，写在了谁的军功簿里。那蘸着血的字迹，又埋葬了多少平凡的家庭。

他使用了祖逖闻鸡起舞的典故，意为表达谁人不想建功立业，一展宏图。然而他在响亮的口号之外，看到了更多真实的场景：战争的土地上也曾有着安宁村庄，人们与自然为伴，听蛙鸣鸡叫，享世俗欢愁。但战场上那一声声的胡笳，将美好残忍击碎，让泪水洒满衣襟。

纳兰容若的双眼，不只盛有个体荣华，更多是生灵之忧。这让他的心装满了悲悯与不忍，所以他注定无法像父亲一样，成为一个理性果断的攫取者。他小心翼翼地走在这条路上，只是因为背负着家庭的希望和怀揣一种侥幸的理想主义。他幻想着，或许能做出一点点努力，来改变这个规则。

第四章

明暗交织，完美人生的飞扬与落寞

生命最初的告别

回到此时此刻的纳兰府，三年时间未到，公子尚未取得功名。

昔日赏花人，今昔已不再。与表妹分离的痛苦一直深埋在纳兰容若心间，他痛苦万分，开始渴望靠近佛的光辉，寻找一份心的救赎。

他想起了自己与广源寺的渊源，或许这是命运的伏笔，他注定要与佛法圆了这前尘之梦。为情所伤的少年，踌躇于广源寺的门前，来来回回。寺内佛香袅袅，形形色色的人在那梵音之中寻找安宁。他们在佛前祈愿或还愿，深深叩出一场内心轮回。少年颤抖的胸膛，自此生出了一颗禅心。

未到苦处，不信神佛。此刻的他，已经无法控制自己的脚尖所向。他要叩开那佛堂的门，从此笃信轮回，拾起关于来世的希冀。

华藏分千界，凭栏每独看。

不离明月鉴，常在水晶盘。

卷雾舒红幕，停风静绿纨。

应知香海窄，只似液池宽。

——纳兰容若《荷》

纳兰容若的前世，或许是一朵佛前的青莲。他冰洁如水，在这世上走了一遭，在宿命的轨迹里尝遍红尘滋味。他贪恋人间的温暖，又不适世俗的浑浊，终于在佛前跪倒，得来一句："应知香海窄，只似液池宽。"

香海，指的是佛国；液池，指的是深宫的池塘。这究竟是豁然的顿悟，还是温柔的慈悲？佛法无边，能否成为世人的救赎？为了那一点微小的光亮，他愿意去无限靠近，找回生命的那把尺子，收回一颗狼狈不堪的杂乱的心。红尘太苦，悲伤的雨猝不及防，皇宫深处的那一道墙已经成了他的心墙，任凭他怎么努力，依旧无法逾越。

这首平仄整齐、韵脚严密、用典精细的诗，依旧在诉说着与表妹之间斩不断的情丝。他想起了与表妹清晨去荷叶上收集露水，那些貌似寻常的生活片段，已经渗透进他的肌肤，成为穿越灵魂的痛。他多想问佛，为何他不曾经历颠沛无依，却内心空荡。佛笑而不语，梵香染透了素衣，让清风扶起这个痴心人。无言中，结局浮出水面。只需一场告别，他就可以重拾一世欢愉。

有些痛，无法封存，也绕不过去。一时的逃避，需要一世的偿还。

若想放下执着心，就要去面对，将命运的“未完成”亲手画上句号。对于纳兰容若来说，他最需要的，是一场迟来的告别。

上天怜悯，佛听到了他的心声，纳兰容若找到了一位老僧人，来帮助他完成心愿。适逢国丧，皇宫正在举办法事，老僧人冒着欺君的风险，帮助换上僧衣的纳兰容若混在了队伍里。他花费重金，顶替了一个僧人的位置。做法事的僧人们来自各个寺庙，彼此并不熟悉，所以事情还算顺利。纳兰容若跟着僧人们走进了那道梦里出现过千万次的红色大门。那庄严的正红色，带着肃杀的味道，让人感到压抑。但只要可以见她一面，他甘愿冒着死罪，也要走进去试一试。

他全然忘记了计算，在这深宫之中，两个人相遇的概率是多么低。当他一脚踏入，目光所及，都是身着宫装的女子，她们衣着和装扮都极为相似，就连表情，也大多是一脸木然。那些美丽年轻的面孔，仿佛还未来得及绽放，就要枯萎。纳兰容若左顾右盼，内心焦急到想要冲出队伍，大声呼喊她的名字。

理智拉回了他，无助之际他闭上双眼默默祈祷，祈求上天让他与表妹再见一面，哪怕只有片刻，哪怕不能互诉衷肠。

或许是冥冥之中早有注定，也或许是上天垂怜这对痴男怨女的境遇，他踉跄地跟在向前移动的队伍中，目光向四处张望，竟然捕捉到了不远处的回廊里，有一个无比熟悉的身影。金色琉璃瓦下，那女子夹在一群相似的女子中间，她转身和走路的姿态虽然明显受过训练，但还是带着旧日的惯性，灼伤了他的眼。

纳兰容若几乎按捺不住心中的狂乱，他的胸膛在轰隆作响，发出了低沉的呐喊。泪水不受控制地奔涌而出，所有的思念、愧疚、不舍、怨恨，也都带着记忆的碎片齐齐出场。仿佛听到了他的召唤，那个熟悉的身影突然回眸，隔着遥远的距离，他们四目相接，一瞬间，打开了一个蒙尘的旧梦。

他们都是宇宙间卑微渺小的尘埃，但此刻周遭的人群似乎静止，整个世界只放得下他们的心跳。他们就那样彼此望着，不发一语，但彼此读懂了全部的信息。

一缕清风吹来，吹醒了沉醉的人儿，击碎了不合时宜的梦。真正的别离就要到来，她向他绽放了一个大大的微笑，决然回头，不再频频回首。他跨出脚步，想要追逐而去，但终究被理智拉回。

世间最大的遗憾，是不能好好告别。至此，他们终于补上了这个遗憾，不辜负曾经，不亏欠彼此。她的身影消失在回廊的转角，也彻底走出了他的生命。

这一切都在转瞬间发生，回过神来的时候，他甚至怀疑那是否只是自己的幻觉。他是否真的见过她，还是在阴差阳错间，遇见了一场海市蜃楼。

他像个机器人一般，随着队伍里的人完成了仪式。走出宫门的瞬间，他再次顿足回眸，看了一眼那些面目相似的女子，她们错落有致，像是摆放在一张巨大棋盘上的棋子。他不由得猜想，在被这深宫锁住之前，她们也有着不一样的人生，不一样的笑与泪。自走进这万仞宫墙，从此哭笑不由人，被锁在最繁华的人性战场，在雕梁画栋中饮下沉沉悲风，步步惊心，步步伤情。

身后，宫门缓缓关闭。纳兰容若这才发觉，身上的僧袍早已被汗水浸透。回到家中，他反复想起这场似真似假的重逢，将每个细节不断倒回重演，深深嵌入记忆里。

> 相逢不语，一朵芙蓉著秋雨。小晕红潮，斜溜鬟心只凤翘。　　待将低唤，直为凝情恐人见。欲诉幽怀，转过回阑叩玉钗。
>
> ——纳兰容若《减字木兰花·相逢不语》

他将这次经历写在词中，倾诉了一曲隐衷，也让后人因此得知这段往事。自懂事开始，纳兰容若并未做过出格之事，为了表妹而甘冒生命危险，是他一生中少有的冲动与出格。

怨恨，渐渐平复；悲伤，不再刻骨。他们之间的故事至此结束，终结于那个意味深长的回眸。聪慧如表妹，她当然读懂了“相逢不语”背后的千言万语，放下往事，穿梭在看不见的硝烟当中。

有纳兰研究者说，表妹就是康熙帝的惠妃，是皇子承庆、胤禔的生母以及八阿哥胤禩养母，位列康熙朝四妃之首。但据《永宪录》等史书记载说，惠妃是纳兰明珠的妹妹，纳兰容若的姑母，是不可能与纳兰容若谈情说爱的。也有研究者称，纳兰容若的表妹的确入了宫，但是并没有博得皇帝恩宠，而是在悲怆中早早离世。

故事的真实面貌，已经消失在了历史的残章里，无法考证。唯一可以确定的，是那情感的至深、至真、至性，传递给了若干年后的读者，引得“家家传唱”，撬动了百转千回，万般柔情。

理想无处安放

康熙十三年，风云剧变。

吴三桂自命为天下水陆大元帅，向世人公布了“反清复明”的檄文，与清廷正式决裂。他宣称自己要拥护前朝崇祯皇帝的三太子为皇帝，并长驱直入湖南。不久，他又一举拿下了南方的六个省份，令天下人大惊失色。

大清的命运，康熙皇帝的命运，纳兰明珠的命运，都在这个时候陷入了迷雾。危机之重，让纳兰容若也无法置身事外，看着父亲整日在书房踱步，眉头紧锁，他感到自己第一次离政治那么近。

开弓没有回头箭。对于康熙和纳兰明珠来说，他们必须要打赢这场仗。这一天，明珠将容若叫到了书房，给他看了这样两首诗：

城社丘墟不自由，孤灯囚室泪双流。

已拼一死完臣节，肠断江南亲白头。

——《绝命诗》

反复南疆远，辜恩逆丑狂，

微臣犹有舌，不肯让睢阳。

——《殉难诗》

诗的作者名为刘钦邻，字邻臣，号江屏。吴三桂叛乱的时候，攻打富川县富阳城，他是富川的知县。富阳陷落后，正是这位刘知县带着四十几个家丁，以微薄之力与叛军展开巷战。面对一场明知道结果的博弈，他却一直奋战到了最后一秒，直至被俘。

刘钦邻被俘后，叛军以官位相诱惑，企图让他投降。刘钦邻将官印掷在地上，痛斥叛军无君无父，结果被判重罪。在狱中，他写下了这两首绝命诗。

用生命写成的诗句，给了纳兰容若巨大的震撼。除了对刘知县的钦佩，他更对战乱中流离失所的老弱妇孺们充满同情。他不知道，在这场权力博弈中，多少女人成了寡妇，多少老人失去了儿女，多少孩子在恐惧中不安地死去。对于很多人来说，这可能是一个短期的事件，但对于更多人来说，是一生难以消化的灾难，要承担沉重的后果。

看着纳兰容若脸上的挣扎与愤怒，纳兰明珠的心里却在盘算着另外一件事。凡是这样的动荡时期，除了战事上的拉扯，舆论往往起着不可忽视的作用。他希望容若做的，是利用其在文人士大夫群体中的名气，来帮忙发酵一种价值导向，放出一种政治信号。

纳兰容若听懂了父亲的话。作为父亲的儿子，作为旗人的后代，他必须全力配合和支持，他立刻写下一首五言长诗：

人生非金石，胡为年岁忧？有如我早死，谁复为沉浮？
我生二十年，四海息戈矛。逆节忽萌生，斩木起炎州。
穷荒苦焚掠，野哭声啾啾。墟落断炊烟，津梁绝行舟。
片纸入西粤，连营倏相投。长吏或奔窜，城郭等废丘。
背恩宁有忌，降贼竟无羞。余闻空太息，嗟彼巾帼俦。
黯淡金台望，苍茫桂林愁。卓哉刘先生，浩气凌牛斗。
投躯赴清川，喷薄万古流。谁过汨罗水，作赋从君游？
白云如君心，苍梧远悠悠。

——纳兰容若《挽刘富川》

这首诗对刘钦邻的气节给予了极高的评价。在舆论的推波助澜之下，他的事迹被传颂，朝廷追封其为“太仆寺少卿”。精明如纳兰明珠，再次准确地摸到了脉搏，在这次大事件中埋下了一个精巧的伏笔。

纳兰容若的生命，依旧在诗文中展开着。渌水亭内，他结交布衣文人，谈古论今。在他眼中，朋友是基于平等基础上的精神交流者，从来没有高低贵贱之分。某种意义上，他反而不喜自己的贵胄身份，向往行走江湖的肆意与潇洒。

纳兰容若乐于交往的人，大多源自倾慕和珍惜对方的才华。如同他会对恩师写下一封长信，去表达衷肠一样。对于发自内心欣赏的人，他并不介意主动去接近和示好。正在落拓流浪的朱彝尊，就意外地收到了纳兰容若的来信。而他与这位少年公子，此前从未谋面过。

给朱彝尊写信这件事儿，纳兰容若早就想做了。他们虽然素不相识，但是通过《江湖载酒集》，容若自以为已经与他做过深入的精神交流。虽然世人对朱彝尊的评价很差，但容若一直很欣赏他。

朱彝尊之所以一直背负争议，与他的一段不伦之恋有关。

朱彝尊在嘉兴碧漪坊长大，家境贫寒。后来，附近搬来了一户冯姓人家，以教书为生。渐渐地，两家人有了接触和交流，定下了一门亲事。但因为朱家实在太过贫穷，所以朱彝尊只得入赘冯家，娶了冯家的大女儿为妻。

冯家有两个女儿，在同一屋檐下生活，朱彝尊与冯家小女儿竟然生出了好感，彼此挂念着。

对于一个落拓文人来说，朱彝尊仅剩下的，就是一点文人的尊严。遗憾的是，才华在没有得到权威认可的情况下，往往在世人眼中一文不值。因为在家里没有话语权，朱彝尊受尽冷眼和鄙视，只有小冯姑娘，对姐夫的才华一直欣赏着，也悄悄地给了他支持和温暖。

所以对朱彝尊来说，这一点点温暖的价值，是旁人所无法理解的。在当时的社会环境下，一个男人迎娶一对姐妹，并不是什么难以理解的事情。不过，怪只怪朱彝尊的赚钱能力实在太弱，他根本没有能力享受这“齐人之福”，只得眼睁睁看着小冯姑娘嫁到了别人家里。

如果她能够得到更好的呵护，朱彝尊愿意发自内心地去给予祝福。但不幸的是，小冯姑娘所遇并非良人。因此两人之间的关系，就在这暗地里的彼此安慰当中，变得暧昧不明起来。在世俗的异样目光下，他们爱得辛苦，进退两难。

康熙六年，只有三十三岁的小冯姑娘在郁郁寡欢中离开了人世。

她终究来不及看到，她所深爱的男人在后来成为一代宗师，逆袭为康熙皇帝所敬重的大儒。

自妻妹去世，朱彝尊仿佛遭受了巨大的打击。也是在这一年，他化悲痛为力量，编成了人生的第一本词集，名为《静志居琴趣》。“静志”二字，就是小冯姑娘的表字。

这件事情，引发了极大的争议。文人填词作曲，多以歌伎为对象。对于男人来说，这在当时倒不失风雅，可以被接受。但是朱彝尊以妻妹为对象，虽然其中情感极其真挚，但依然好说不好听，显得不那么体面。

所以，当朱彝尊孤身一人来到京城的时候，他虽然文采斐然，且有作品流传。却始终因为难登大雅之堂，而没有获得什么机会。这一段情感经历，似乎为他的文坛发展，烙上了耻辱的印记。

渌水亭中，纳兰容若经常与严绳孙等几位友人，谈论文坛风云。他们曾经探讨过，当今世上谁堪当文学宗师，讨论的结果有两个人：一个是龚鼎孳，“江左三大家”之一，曾经在会试中做过纳兰容若的主考官；一个就是名不见经传的朱彝尊，尽管为世人所不齿，但容若坚持认为他的诗词造诣已经可以问鼎宗师，他在诗词中传递出来的情意，容若自认可以感同身受，同为世间情痴，生出一种惺惺相惜之感。

当龚鼎孳去世的消息传来的时候，容若与朋友们无比惋惜。他忽然觉得人生苦短，对于内心欣赏的人，为什么不能早一点主动迈出一步呢？所以，他派人送出了主动邀约的书信，送到了朱彝尊的住所。

四十几岁依旧落魄的朱彝尊，以为自己的一生就要如此过下去了。除了白发，他几乎一无所得。当意外接到纳兰容若的书信时，他的内心是十分复杂的。

其中有感动，一个身份尊贵又享有盛名的贵公子，肯屈尊主动伸出橄榄枝，并表达对自己的欣赏，这让受惯了冷眼的他感到了温暖；其中有不平，他们的出身有如云泥之别，他的年纪已经可以做纳兰容若的父亲了，但容若年纪轻轻就可以扬名天下、衣食无忧，自己一把年纪却落到如此田地，这让他难免五味杂陈；其中也有贪求，他听说纳兰容若喜欢布衣文人，他要抓住这个机会，或许可以借助纳兰府的声望摆脱窘境，不求富贵，只求可以堂堂正正地活着。于是，他没有回信，而是亲自登门造访。

那一天，他们在渌水亭初次相见。正值春寒时节，两人相对而立，朱彝尊穿着破旧的薄衫，纳兰容若因为大病初愈，身上披着狐裘。他们之间，隔着年龄、阶级、经历与声名的差距，但是当两人以诗词相和，正式推开精神世界的大门，却发现灵魂的契合，可以抵挡所有所谓世俗的标准。

这一次会面，让朱彝尊彻底折服于纳兰容若的气度、真诚与才学。看到那一双清澈的眼睛，他为自己曾经的一些低微想法而感到自惭形秽。面前的这个少年仿佛带有一种魔力，帮他涤荡了灵魂的灰尘。自此，朱彝尊开始经常出入纳兰府，成为渌水亭的常客。

后来，朱彝尊官运亨通，进入了康熙皇帝的南书房。此时的他已经是受人景仰的经学大儒，具有入祀孔庙的资格，但是，他坚持要把《风怀二百韵》完整地收录进《曝书亭集》。《风怀二百韵》收录的是他和妻妹的故事，他宁愿失去入祀孔庙的资格，也要坚持如此。

他已经垂垂老矣，走到了人生的末路。他清楚知道哪些是遮眼浮云，哪些是值得用生命守护的。尽管这一场爱恋不受世人祝福，但既然爱了，他就不要遮掩。

重情重义的他，与纳兰容若一见如故。听了纳兰容若与表妹的凄惨故事后，更加找到了惺惺相惜的感觉。他们成为难觅的知己，打破世俗的界限，彼此做伴。

有一次，两人相约在了广安门外的一处冯氏花园，那里曾经是龚鼎孳还在世时，经常与文人朋友相聚的一处雅地。如今海棠花已经快要凋零，他们在即将面临萧瑟的景致之间吟诗作对，别有一番滋味。那天，朱彝尊写下了这首《鹧鸪天》。

莫问天涯路几重，轻衫侧帽且从容。几回宿酒添新酒，长是晨钟待晚钟。　　情转薄，意还浓。倩谁指点看芙蓉。行人尽说江南好，君在巫山第几峰。

一个男人，不顾山长水远去见自己的心上人。其中蕴含的深切情意，纳兰容若又岂会不懂。他尤其喜爱那句“莫问天涯路几重，轻衫侧帽且从容”，无论去往天涯的路还有几重，都要整理好衣帽，从容前行。这样清丽温暖的话语，从朱彝尊的笔下流淌出来，他受到了莫大的触动。

“侧帽”这个典故，也让他心有所喜。“侧帽”一词引自《北史·独孤信传》。讲的是北周时期，秦州刺史独孤信，风度翩翩，又有奇谋大略，是一个全民偶像一般的人物，人们对他的迷恋，已经到了模仿他穿衣风格的程度。一次，独孤信外出打猎，但一时沉醉忘记了时间，因为生怕城门关闭，所以快马加鞭赶回城去。进城的时候，人们看到了一个发丝飞扬，帽子歪戴的英俊男子，不由得惊艳万分。于是，他在无意中引领了一种风潮，即为“侧帽”。后来人们纷纷效仿独孤信侧帽，“侧帽”的典故后来被引用为风流自赏的意思。

四年后，纳兰容若的首部词集编撰完成，那一瞬间，“侧帽”这个词再度跳入脑海，他想起了与朱彝尊一起度过的那个肆意的下午，也被它所流露出来的潇洒飘逸所打动，于是大笔一挥，当即命名。从此，一本《侧帽集》在江湖问世。

白梅树下的伏笔

今天有一句话叫作“最怕比你优秀的人，还比你努力”，说的大抵就是纳兰容若这样的人。在世人看来，他的条件几乎是完美的，有势，有才，有貌，还有一颗谦卑的心。这样的容若，是所有女人都梦想拥有的夫君。

关于纳兰容若的容貌，曹寅有这样的描述：“忆昔宿卫明光宫，楞伽山人貌姣好”，这里的“楞伽山人”，就是容若。

经历了与表妹的一段虐恋，他对爱情已经不再奢望，甚至多了一份恐惧与阴影。不能相守的痛，永远留在了骨子里。此时，他在文坛已经小有名气，父亲的权势也到达了巅峰。他有恩师和友人相伴，日子过得充实有趣，只等待下一次考试来临，就可以平稳地走在父亲规划好的仕途上。

这时候的纳兰明珠，已经开始计划纳兰容若的婚事了。无论从哪个角度来说，处于适婚年龄的容若都是婚恋市场上的抢手货。但对于纳兰明珠来说，他要仔细筹谋，本质上这不仅是一场婚姻，更是寻找一个事业上的合作伙伴。

很快，他将目光锁定在了卢氏身上。早就耳闻，卢氏"生而婉娈，性本端庄"，是很符合正室身份的性格。她的父亲是当时的两广总督，与纳兰家可谓门当户对。他深知容若受过一次情伤，因此不敢贸然决定，于是先试探着询问容若的态度。

纳兰容若看着父亲，沉默了那么几秒。紧接着淡淡地回答："儿子没有意见，就请父亲做主吧。"此时的他清醒地知道，自己的婚姻注定要掺杂很多复杂的利益考量，如果表妹还在，他一定要据理力争。可是如今斯人已逝，任是谁家的姑娘，又有什么区别呢？

这样，纳兰容若的婚事就算定下了。这件事在京城里传得沸沸扬扬，成了街头巷尾热议的话题。

那一日，纳兰容若在广源寺中祈愿，在寺内踱步时，正巧遇到有人在议论秋水轩唱和，心中便起了兴致。循着声音望去，那竟是一群少女。因为非礼勿视，他连忙移开视线，只是侧耳倾听。

寺内的蔷薇花开得正盛，大朵大朵的花瓣簇拥在一起，仿佛争相要将曼妙芬芳绽放在这最好的季节里。少女们的议论，令纳兰容若感到好奇。男子之间谈论诗文，容若毫不陌生。但是除了表妹，他还从未听过有其他女子，论起当今文坛的盛事。他发自内心地燃起了兴趣。

人们时常挂在嘴边的，莫过于秋水轩的文坛佳话。说到秋水轩，乃是京城文人无人不知的文化符号。它本是京城名流孙承泽的别院，孙承泽有一位好友，名叫周在浚，是负有盛名的青年才俊，每逢来访好友的时候，都会住在秋水轩。

因为名声在外，所以文人墨客们总会蜂拥而至，众人一起吟诗唱和。在清朝文坛，这也是一大盛事。其中有一位名叫曹尔堪的诗人，借着酒兴，写下一首《金缕曲》，广为传诵。众多文人纷纷应答效仿，按照曹氏《金缕曲》的韵脚作出各式各样的《金缕曲》来。

几个姑娘全然不知此刻有听众在侧，毫不顾忌地谈论着秋水轩的几个文人墨客，谈论他们的作品，也谈论他们的气质风雅。其中，有一个轻柔的声音频频出现，像一阵清风，悄悄地吹入纳兰容若的心房。

纳兰容若不禁抬头望去，看向那声音的主人。在珠钗玉环之中，他见到了一位极为素净的女子，妆容清丽，但是气质超俗，在一群人中是那样特别的存在。他意识到自己的行为有些失礼，于是索性直接开口化解尴尬，也对秋水轩唱和发表了一点个人见解。

少女们对这位突然闯入的白衣公子充满好奇，他的行为虽然很唐突，但是看他衣冠楚楚，文质彬彬，却非轻佻之人，听其谈吐，又对诗词颇有造诣。

谈论之中，有人提议让他用眼前之境为题，赋词一首。一时间，几双眼睛同时落在他的身上，带着满满的期待与好奇。纳兰容若略微定了定神，环视院落，最后将视线落在了那位清雅少女的身上。他以秋水轩唱和的体例，即兴赋词一首：

疏影临书卷。带霜华、高高下下，粉脂都遣。别是幽情嫌妩媚，红烛啼痕休泫。趁皓月、光浮冰茧。恰与花神供写照，任泼来、淡墨无深浅。持素障，夜中展。　　残釭掩过看逾显。相对处、芙蓉玉绽，鹤翎银扁。但得白衣时慰藉，一任浮云苍犬。尘土隔、软红偷免。帘幕西风人不寐，恁清光、肯惜鹴裘典。休便把，落英剪。

——纳兰容若《金缕曲·疏影临书卷》

从意境，到神韵，都被这个少年拿捏得恰到好处。

吟诵之后，周围一片寂然。少女们本是一句玩笑话，却想不到遇见一位如此文采卓然的才子。每一字，每一词，都刷新着她们的审美与认知。纳兰容若也觉得有些紧张，他打破沉默向各位姑娘解释，自己所咏叹的，是院内的那株白梅花。

院内哪有白梅花？众人不解，四处张望，竟然看到一株毫不引人注目的枯树。此时不是梅花开放的季节，这位俊俏公子的眼光，为何独独落在了这枯树之上呢？众人百思不得其解。

猜测间，有人发出了不确定的大胆猜想："你，不会就是明珠大人府上的容若公子吧？"

纳兰容若愣了一下，没有回答。

此时有仆从前来寻他，他向少女们施了礼，转身离去。

他以为，这只是生命中一个毫不重要的片段，却全然不知，命运再次在他的人生中埋下了伏笔。

那个默不作声的女子抬起了头，望向那株白梅枯树，眼底一丝淡淡的笑意，掀开了新的故事篇章。

人间惆怅客

纳兰容若为很多清代文人所推崇，比如谢章铤。他曾说："长短调并工者，难矣哉。国朝其惟竹垞、迦陵、容若乎。竹垞以学胜，迦陵以才胜，容若以情胜。"通过后天的努力，学问和才华是人人都可以获得的，但唯独一个"情"字，很多自以为在风月场中打滚了一辈子的人，也未必真正懂得。纳兰容若的文心，就是这个不可替代的"情"字。

容若诗词的奇光异彩，在文学史上的价值不仅限于文字本身，很多研究者会将它放在清初满汉文化融合的时代背景下，以文化学和民族学的背景来切入，将纳兰词的文化价值提升到了更高的位置上。

纳兰容若一生酷爱汉文化，自幼年攻读经典打下了良好的基础，再到后来喜欢结交汉人朋友，早已被这源远流长的文化所深深打动。

汉族自古就有成人礼仪，男子被称为“冠礼”，女子被称为“笄礼”。毫不夸张地说，这就是汉文化的起点。对于热爱汉文化的纳兰容若来说，他不想错过这样的机会，于是亲自为自己操持了一场有模有样的成人礼。

那一天，可能是纳兰明珠和妻子最纳闷的一天。旗人是马背上的民族，向来不拘小节，他们看着府里上上下下忙成一团，做礼仪的各种细节准备，还真有些摸不着头脑。

不过，他们已经答应儿子，要和他一起完成这件人生大事。至于礼仪的烦琐流程，他们实在搞不太懂，所以一并交给纳兰容若自己去做。阳光下，他们看着容若在调度，表情认真，做事一丝不苟，也不由得感到欣慰。

没错，纳兰容若看重这场冠礼，全程是完全按照《仪礼·士冠礼》的要求做的。纳兰明珠穿着容若送来的定制服装，头上戴着一顶形状奇怪的黑色帽子。容若解释说，帽子的名字叫作“玄冠”，上身衣服叫作“缁衣”，下身一条像裙子一样的叫作“裳”。

明珠最搞不懂的，还有一条宽宽的皮带，松松垮垮快要垂到了膝盖。纳兰容若耐心地告诉他，这叫作“爵韠”，是主人的象征。

在汉人看来，成人礼的意义在于，追求君臣父子、尊卑长幼有序。古人说，“冠者，礼之始也”，其重要性可见一斑。

仪式完毕后，还有一件重要的事情要完成。就是自成人之后，不再呼唤姓名，要以“字”相称。汉人认为“名卑字尊”。成年之后朋友如果直呼其名，被认为是一种不礼貌的行为。“容若”这两个字，就是在这一天诞生的。

汉人习惯，“字”要由德高望重的前辈或者师长来取。这一天，作为成人礼上被邀请的嘉宾，朱彝尊为世人贡献了一个传唱千古的“作品”。“容”字，取自《荀子·不苟》中的“恭敬谨慎而容”；“若”字，是源自《易经》中的惯用文法，也作“香草”之义，经常用来比作君子，正好可以呼应“君子以成德为行”的意义。

正所谓“字如其人”。出于对纳兰容若的了解，朱彝尊以最恰当的文字，冠以他的一生，成为一种强大的精神引领。

谦谦君子，温润如玉，浩然立于世。素履之往，独行愿也。当情谊遇见诗心，一颗拳拳赤子心，永恒地在这悬浮的尘世中跳动着。

出于对汉文化的热爱，纳兰容若还做了一件了不起的大事。就是和徐乾学一起，编撰了《通志堂经解》，这部著作历时三年，在康熙十五年完工。

徐乾学的藏书之多，令他为之沉醉，流连忘返。这时候，他忽然想到可以把这些书做出梳理，汇编为一套丛书。他本以为徐乾学不会同意这个想法，因为那些书籍是恩师最在意的东西，如果搬出来进行誊写、校对、印刷，难免会有损坏的情况。就算换作是他自己，也真的需要好好思虑一番。

不过，徐乾学竟然立刻同意了纳兰容若的提议。他固然心疼这些书籍，但是如果能够编出这样一部丛书，有功德，有成就，很可能是一件留名青史的事，这是世间每个文人都求之不得的。扪心自问，这样的大工程，如果没有纳兰府的财力和人力支持，自己恐怕一辈子也完成不了。

纳兰容若欣喜若狂，他与徐乾学摩拳擦掌，开始着手于这件事。纳兰府里，听闻此事的纳兰明珠眼里闪过一道光。熟悉他的人都知道，这代表他的心里，有了新的筹谋。

《通志堂经解》的问世，是一件震动文坛的大事。这部阐释儒家经义的丛书，一共收录了先秦、唐、宋、元、明时期的经解共 138 种，共计 1800 卷。它经过了一版再版，所有的文人墨客，都以拥有这样一套作品，而感到内心满足。《通志堂经解》的序言，如同一篇精简的纲要，正是纳兰容若所作。

这部作品一经问世，便轰动了朝野，广受赞誉。这部典籍，也成为纳兰容若人生中的一部重要作品。但他从未渴望这些作品能给他带来赞誉，他内心所求的，始终都是保护、传承、发扬这些潜藏于历史深处的文化精粹。

世间名利皆如浮云，转瞬成空。唯有文化才是民族的灵魂，让一代又一代的人，薪火相传。

不过，徐乾学却没有等来他想象中的功名。乾隆年间，皇帝左思右想，始终觉得事情不太对劲。纳兰容若纵使才高八斗，但就凭他当时的年纪、阅历、精力，即使有徐乾学的帮助，也断然完不成这样的事情。他找人核实了一些情况，发现的确有造假的嫌疑。

于是，当《通志堂经解》再版的时候，乾隆皇帝亲笔重作了序言，批评徐乾学攀附权贵，纳兰容若欺世盗名。但因为《通志堂经解》的文化价值太高，乾隆皇帝给予了肯定，于是修订后继续发行下去。

纳兰容若的美名，不会被这一个小插曲所遮盖。但徐乾学就没那么幸运了，他在世的时候，人品就总是受人指摘，如今被乾隆皇帝盖棺定论，彻底被历史的风云变幻压弯了腰。

看到这里，或许你也一头雾水。这件事，究竟谁是谁非，其中有什么内因呢？

答案，还是在纳兰明珠这里。乾隆时期，纳兰传奇早已经在历史中落幕，褪去了光环之后，当人们用“权臣”两个字来回溯他精明的一生，的确有很多算计浮出水面。

沽名钓誉的人，当然不是纳兰容若。

容若是这件事情的倡导者与发起者，但是随着事情的演变，它已经不受控制，变成纳兰明珠政治生涯里的一项面子工程。

据悉，《通志堂经解》需要一个团队才能完成，原版版心下端皆镌有刻工姓名，粗略统计一下，光刻工就有二百余人，据说都是名手。这样的事情，当然不是徐乾学和纳兰容若两个人可以完成的。

所幸，公子美名并未因此事而受到影响，可见人们对纳兰容若的品性信任至极。但可以想象，容若在这样的成长环境之下，究竟体验了多少无奈与悲哀。

残雪凝辉冷画屏，落梅横笛已三更，更无人处月胧明。　　我是人间惆怅客，知君何事泪纵横，断肠声里忆平生。

——纳兰容若《浣溪沙·残雪凝辉冷画屏》

当容若写下“我是人间惆怅客”的时候，纳兰明珠感到极为困惑与不解。他一生费尽心机，让妻儿可以出入金阶玉堂，儿子又为何而“惆怅”呢？他或许永远不会读懂，容若性情中的悲剧色彩，正是自己亲手绘就的。

纳兰容若的一生，如莲花一般出淤泥而不染。面对父亲日渐老迈的身影，他终究不忍发出那声叛逆的呐喊，只得暗自神伤，以风雅为命，落拓无羁，吹花嚼蕊，以真心之字诉衷情之心。

第五章

芬芳岁月，花光所有运气，只为遇见你

埋下缘分的伏笔

世间温柔，值得踮起脚尖。生命短暂，总需要一些热爱与心动。渐渐走出了黑白梦境的容若，放下了与表妹之间的情劫。在充满了未知的人生中，他又会遇到怎样的故事？

踏过年少风华，世界开始苏醒，纳兰容若即将遇见又一程山水。

冠礼之后，纳兰容若将迎来盛大的婚礼，他会拥有一位门当户对的妻子，却并不一定是惺惺相惜的爱人。

因为，在媒妁之言主宰婚姻的封建时代里，婚姻是血脉传承，是家族联盟，是政治策略……却极小概率会是两情相悦。

世俗面前，情爱无足轻重。

古代才子佳人的故事里，我们见过了太多爱而不得的遗憾和叹息。属于纳兰容若的归宿，又会是怎样的呢？

午后的暖阳，青涩的梅子，柔软的笑……关于初恋的一切，已经是刻在年轮里的旧时花开。往事如梦如诗，又恍如隔世。表妹在深宫中枯萎，他们今生所剩的缘分，也只有回忆和思念了。

莫把琼花比澹妆，谁似白霓裳。别样清幽，自然标格，莫近东墙。　　冰肌玉骨天分付，兼付与凄凉。可怜遥夜，冷烟和月，疏影横窗。

——纳兰容若《眼儿媚·咏梅》

深情的人，永远都学不会遗忘。

记得多年前，表妹寄住纳兰府上，美丽的相遇自然地发生。他们在一起度过了许多美妙时光。他们一同在书房里沉浸于诗词文章，品着点点书香，时而静默，时而欢笑。表妹的出现，为纳兰容若平淡的生活带来了一抹亮色、一缕花香。

这首《眼儿媚·咏梅》是容若某日探望表妹时有感而作。梅花是上天的恩赐，它冰肌玉骨却并不素淡。月光照拂着它高贵而清雅的身姿，有着超凡脱俗的美丽。稀疏的花影落于窗前，更是别有一番韵味。

在词作中，纳兰容若通篇没有写一个“梅”字，却字字句句都在咏梅。通篇没写一个“人”字，却无处不见人的影子。他发现了她的温柔，她的善意和体贴。但可惜命运无常，美好最终被铭刻在了曾经。

如今这枝心头的梅花，已经寂寞地枯萎在了宫墙内。高高的紫禁城，割断了缠绵的爱，也拉长了绵绵的相思。他深爱的表妹，成为活在故事里的人。

那份曾经的感情，带着几分抹不掉的遗憾，在诗词里美丽地绽放。

而未来，他心中浓郁的情感，是否又会有另外一个人成全？

命运设下的谜题，时间会为他揭晓答案。

在见到这位未来的妻子之前，纳兰最先了解到的是她的家族背景。叶舒崇为卢氏所写的《皇清纳腊室卢氏墓志铭》中提到：

夫人卢氏，奉天人，其先永平人也。毓瑞医闾，形胜桃花之岛，溯源营室，家声孤竹之城。父兴祖，总督两广、兵部右侍郎、都察院右副都御史。树节五羊，申威百粤，珠江波静，冠赐高蝉，铜柱勋崇，门施行马。传唯礼义，城南韦杜之家；训有诗书，江右潘杨之族。夫人生而婉娈，性本端庄，贞气天情，恭容礼典。明珰佩月，即如淑女之章；晓镜临春，自有夫人之法。幼承母训，娴彼七襄；长读父书，佐其四德。高门妙拣，首闻敬仲之占；快婿难求，独坦右军之腹。

她的父亲卢兴祖是汉军镶白旗人，是一名封疆大吏。卢兴祖在康熙四年奉旨接替李栖凤担任广东总督，全名为“总督两广等处地方提督军务、粮饷兼巡抚事”，成为广东地区最高统治者。同年，该官职再度改制，其名称改为广东广西总督。

纳兰容若的父亲是当朝的要员，从当初来看，两家结亲是颇为理想的家族联盟。

只是，世事沉浮，总是让人措手不及。康熙六年，卢兴祖因诈贿案自杀，卢家也由此家道衰落，不复从前的盛名。

对于当时京城中炙手可热的纳兰家族而言，没落的卢家并不是一个最优的选择。但最终纳兰明珠还是选择了与卢家结亲，大概是因为当年卢兴祖在朝为官时两个人曾有过深厚情谊。

而经历了繁华和落寞的卢家小姐，又是一个怎样的人？

这是一个待解的谜题，等待纳兰容若一层层剥开。他完全不知道，这未知之下包裹的，是惊喜，还是叹息。

自婚礼的筹备开始，容若就在无限靠近这个答案。对于这场婚事，他既有期待，又有胆怯，期待那陪伴自己走向暮年的女子，究竟是何模样？胆怯那爱情的凛冬若再度来临，将是灵魂经不起的霜冻。

纳兰容若是重情之人。但他发现在世俗的标准中，爱情似乎并不重要。就像此刻在纳兰明珠眼中，儿子的婚礼是头等大事，只是因为它关乎礼制，关乎家族的声誉，也关乎文化的认同。

容若身处满汉文化的大融合时代，纳兰家族也极其重视汉文化，这从他的冠礼和婚礼中都可以感受到。

中国传统婚姻大事大致要经历说媒、相亲、过礼、择期、迎亲、拜堂、婚宴、闹房、回门等诸多仪式。之所以如此繁复，是因为每个步骤都有特别的意义。

《礼记·婚义》曰："礼之大体，而所以成男女之别，而立夫妇之义也。男女有别而后夫妇有义；夫妇有义而后父子有亲；父子有亲而后君臣有正。故曰，婚礼者，礼之本也。"又曰："婚礼者，礼之体也。"从儒家的思想角度出发，婚礼是整个礼制的基础，意义重大。

纳兰容若的婚礼，自然是这府上的头等大事。深受汉文化熏陶的纳兰父子，以儒家传统的规制来操办这场婚礼。他们谨慎地对待着一重又一重的礼仪，处处可见细致用心。

那段时间里，纳兰府充满着喜气，到处张灯结彩，灯火辉煌，宾客络绎不绝。

在热闹的氛围里，纳兰容若却感到了几分孤独。这孤独，源于对表妹的思念，也源于对未来的不确定性。它像蔓藤一般，悄无声息地缠绕着容若的心。

从媒妁之言，到拜堂成亲，纳兰容若和卢氏的命运轨迹相交在了一起。

这样的婚姻，对于世俗来说是稳定的联盟。而对于爱情，却是一场豪赌。那赌注，就是一生的幸福。

相敬如宾，也许不难，两情相悦，却需要极大的幸运。

迎娶的那天夜晚，纳兰容若心怀几分忐忑和慌张掀开了妻子的盖头。红色的盖头之下，是一张清丽的脸。她笑靥微微，眉眼温柔。幽深的眼眸里，映着烛火的微光，点亮了容若寂寞的心海。

纳兰容若立刻觉出了几分眼熟。原来那日偶遇，竟然成了姻缘的序曲，容若顿时产生了宿命之感。他看着这个将要与自己共度今生的人，眼底不由得泛起了温柔。

十八年来堕世间，吹花嚼蕊弄冰弦。多情情寄阿谁边。　　紫玉钗斜灯影背，红绵粉冷枕函偏。相看好处却无言。

——纳兰容若《浣溪沙·十八年来堕世间》

卢氏与纳兰容若成婚时正是十八岁，正应了词中的“十八年来堕世间”。而词中称卢氏犹如仙子，流落尘世十八年。她吹花嚼蕊，品性高洁，擅奏琵琶寄托情怀。

在迷蒙的烛影中，玉钗斜横，她美丽的面容略施粉黛，斜倚在枕函边上。时光静默如水，纳兰容若脉脉地望着美丽的妻子，不知道该用怎样的语言来表达。

此处无声胜有声。他们心中都得到了一个满意的答案。

一眼热望，彼此懂得。此前所有的猜测和担心，都化作了美丽的期待。词中点滴所见，无疑是欣喜和感叹。她的美，流淌到他的心头，化成片片词情。

爱在静默中疯长，填满了时间的缝隙。

原来那日他偶然在广源寺注意到的那个女子便是卢氏，当日他的“秋水轩唱和”之作《金缕曲·疏影临书卷》也是为她所写。短暂的相遇，已经埋下了深深的缘分。如今，缘分开花，他们喜结连理，该是何等惊喜。

对于卢氏而言，纳兰公子的才学她早有耳闻。他是京城中鼎鼎有名的青年才俊，透过他的诗词，仿佛可以近距离聆听他的心声。她与他，七分陌生，三分熟悉。如今，他已近在咫尺，未来的人生中又将朝夕相伴。

他们之间，空间与情感的距离在不断发生改变，两个人的命运也紧紧交缠。

第二天清晨，纳兰容若醒来时，新婚的妻子已经不在身边。

容若起身站在窗边，向远望去是幽静如水墨画卷一般的美景。当他的目光落到院子里的时候，又望见了一处温柔的风景。那正是他美丽的妻子卢氏，她正在晨曦中欣赏着满园的风景。

院子里花开旖旎，晨光中的卢氏清丽温柔，这一切的一切，落入纳兰容若眼中，又静静地划向他的心底。

正如卞之琳的《断章》中所写的那样："你站在桥上看风景，看风景的人在楼上看你。"

在婚姻里遇见爱情，这是纳兰容若和卢氏的幸运。

除了日日相伴的浓情蜜意，纳兰容若更会用诗词表达心底的幸福。

旋拂轻容写洛神，须知浅笑是深颦。十分天与可怜春。　　掩抑薄寒施软障，抱持纤影藉芳茵。未能无意下香尘。

——纳兰容若《浣溪沙·旋拂轻容写洛神》

纳兰容若的词，大多敏感伤怀，而这一首《浣溪沙》，却是难得的清新欢愉。词人落墨纸上，美丽的洛神在文字里翩跹而出。

洛神甄宓，是中国文人心中的女神，而纳兰容若诗词中的女子，就如同洛神一般美丽。她的一颦一笑里，有洛神的美丽风韵，但更添了几分真实可爱。词的上阕说要为她画像，她皱眉的时候都仿佛在微笑。词的下阕饱含同情。“掩抑”“抱持”尽显怜爱，最后，又说眼前的女子是从仙界来到了凡间。

这样清丽洒脱的诗词，在纳兰容若的作品中并不多见，因为他与妻子感情浓厚，所以很多人认为，这首词正是写给卢氏的。

因为心怀爱意，所以她便是这世界上最美的女子。爱的魔力，催生着纳兰容若的词意，绽放出了美丽诗篇，开在时光里，永垂不朽。

与卢氏成婚后，纳兰容若拥有了一段静好岁月。一对眷侣，在日复一日的相处中，增进了了解，感情也越发深厚。情投意合的两个人，巧遇在封建时代的婚姻里，尝尽幸福滋味。

张爱玲在《爱》里曾说：“于千万人之中，遇见你要遇见的人。于千万年之中，时间无涯的荒野里，没有早一步，也没有迟一步，遇上了也只能轻轻地说一句：‘你也在这里吗？’”这也许就是纳兰容若与卢氏在婚姻里相遇、相知、相守的心情。

有多少世间深情，都败给了有缘无分。就连张爱玲为爱低到了尘埃，也终未能求得她渴望的岁月静好，现世安稳。

相比之下，纳兰容若与卢氏何其幸运，这仿佛是上天在回报他们累积的温柔和善良。山高水远，他们为彼此而来。

此时他们尚且不知，这幸运之花只绽放了三年，终究还是结出了悲伤的果子。两人彼此相望，相守着时光之河，不问是缘是劫。

在我的生命里，写下你的名字

一眼定情，也许并不需要什么道理。两情相悦，却需要日复一日地相处，需要彼此的心灵契合。

在相处过程中，纳兰容若越来越感受到卢氏的温柔纯真。这种性格相合，使得他们的感情越来越稳固。

共同的情趣，共同的价值观，让这对神仙眷侣多了几分倾慕欣赏，也为初婚的时光，更添了几分甜蜜和珍惜。欧阳修曾在《南歌子》中书写了古时新婚夫妻的情趣。

> 凤髻金泥带，龙纹玉掌梳。走来窗下笑相扶，爱道“画眉深浅入时无”。　　弄笔偎人久，描花试手初。等闲妨了绣功夫，笑问“鸳鸯两字怎生书”？
>
> ——欧阳修《南歌子·凤髻金泥带》

上阕写新娘精心梳妆，下阕写新娘在写字绣花，与夫君亲热笑闹、相互依偎。此情此景，三分娇羞，七分蜜意。古代新婚燕尔的幸福，大抵如此。

当卢氏走入纳兰容若的生命中，庸常的时光也有了别样的温度。

晨起时，他们携手拜见高堂，一起到院子里沐浴晨光，品茶赏花，随心漫谈。心灵手巧的卢氏有时候还会洗手做羹汤，为纳兰容若和婆婆下厨，做几个拿手好菜。

除了生活里的浓情蜜意，卢氏也钟情于诗词书画。她喜欢陪伴纳兰读书，且在诗词歌赋领域颇有见地。

书房里，纳兰端坐读书，卢氏会准备一些他喜欢的瓜果，煮上一壶清茶。果香、茶香与墨香缠绕，编织出一段惬意时光。

卢氏在一旁做些针线活，或是读书。时光静好，只有偶尔的翻书声、续茶声。纳兰容若累了，他们就一起吃瓜果，饮茶，或闲聊几句。

最踏实的幸福，从来不需要山盟海誓的承诺。它清淡、踏实，足以填满所有光阴。

和青涩懵懂的初恋不同，纳兰容若在与卢氏的相处中，更体会到了所谓“琴瑟和鸣”的味道。这常常会让他想到宋代才女李清照的故事。

李清照曾在《〈金石录〉后序》云：

> 余性偶强记，每饭罢，坐归来堂烹茶，指堆积书史，言某事在某书某卷、第几页第几行，以中否角胜负，为饮茶先后。中即举杯大笑，至茶倾覆怀中，反不得饮而起，甘心老是乡矣！故虽处忧患困穷，而志不屈。

李清照容貌出众，才华横溢，是宋代著名的婉约词人。生于书香门第的她，未能免俗地走入了父母包办的封建婚姻，因为家族的利益联盟而嫁给了丞相府的赵明诚。他们在婚前不曾相识，又或许也曾对这段婚姻怀有抵触，但是他们在婚后却相爱相知，成为一对神仙眷侣。

爱是某时某刻的内心悸动，深情却需要彼此志趣相投。

李清照与赵明诚爱好相同。新婚时，赵明诚还没有官职，只是一介太学生，没有收入。夫妻二人出身富贵，生活优渥，他们都酷爱金石书画。这样的爱好除了高雅，也更烧钱，偏偏他们都为之痴迷。

为了成全这个共同爱好，两个人生活过得清贫，却乐得自在。

他们没有为吃穿用度、柴米油盐等日常琐事而抱怨。而是常常燃灯对坐，兴奋地欣赏着费尽心思购来的金石书画，你一言我一语地聊个不停。

陷入爱情的女子，是光彩照人的，李清照如此，卢氏亦是如此。

诗书、瓜果、清茶，还有那个心仪的他。这每时每刻，都是命运的恩赐。

纳兰容若很喜欢和卢氏聊天，卢氏常常会有一些独特的想法，惊艳了容若。有一次，卢氏问他觉得哪个字最悲伤？

容若以为是“情”，卢氏却另有答案。

是“若”。因为人们在面对一些悲伤而无奈的事情时总会说，若是怎样，该有多好。言语中但凡有“若”的出现，都是因为人们对现实的无能为力。只能用“若”来假设一种新的局面，假设一种难以实现的渴望。

无能为力的假如，才是最大的悲伤。

当时沉浸在幸福中的两个人，没有想到，就在几年之后，纳兰容若尝尽了这种无能为力的悲伤和绝望，为卢氏说尽了“若”字。

纳兰容若与卢氏的爱情如诗如茶，沁人心脾。深厚的情感汹涌澎湃，遇见诗人的笔墨，自然落笔成诗。

因爱而生的《四时无题诗（十六首）》成了纳兰容若的代表作。诗词之中，描绘了他和卢氏幸福生活的点滴。

其一

一树红梅傍镜台，含英次第晓风催。

深将锦幄重重护，为怕花残却怕开。

其二

金鸭香轻护绮棂，春衫一色飏蜻蜓。

偶因失睡娇无力，斜倚熏笼看画屏。

其三

手捻红丝凭绣床，曲阑亭午柳花香。

十三时节春偏好，不似而今惹恨长。

其四

青杏园林试越罗，映妆残月晓风和。

春山自爱天然妙，虚费筠奁十斛螺。

其五

绿槐阴转小阑干，八尺龙须玉簟寒。

自把红窗开一扇，放他明月枕边看。

其六

水榭同携唤莫愁，一天凉雨晚来收。
戏将莲菂抛池里，种出花枝是并头。

其七

小睡醒来近夕阳，铅华洗尽淡梳妆。
纱蟵此日偏惆怅，翦取巫云做晚凉。

其八

追凉池上晚偏宜，菱角鸡头散绿漪。
偏是玉人怜雪藕，为他心里一丝丝。

——纳兰容若《四时无题诗》节选

纳兰容若的诗词，洋洋洒洒，一字一句皆是心香。饱蘸深情的笔墨，写下的又何止他一人的心绪。千古爱情，皆是一场轮回，一见倾心，浓情蜜意，相思别离，都能很容易地找到范本。

在经历了苦涩的初恋之后，温柔的卢氏在他的情感世界里刻下了自己的名字。

一个初恋，一个知己。表妹和妻子卢氏都在纳兰容若的世界里，有了自己的位置。但还有一个人，常常被研究者所忽视，她是纳兰容若的庶妻颜氏。

在纳兰容若新婚不久，父母便为他娶了一位侧室。纵然在感情的世界里，他并不想再接受一位女子，有了妻子卢氏的朝夕相伴，他已经心满意足。但是容若作为家中长子，传宗接代是他不可逃避的责任。

史料中关于颜氏的记载并不多，但她是纳兰明珠夫妇为容若千挑万选出来的，一定是位温柔、聪敏的女子。

纳兰容若对她尊重有余，呵护有加，唯独无法给予她深情爱怜。

夫妻二人的生活里多出了一个人，却并没有像影视剧里描写的那样生出事端。在颜氏进门后，卢氏宽厚相待，颜氏也温柔谦恭。

时光平静如水，有爱人相伴，有诗书茶香。一个孤独的灵魂，在悲欣交集的世事中，得了一场好梦。

途经生命的意义

有人说，人生是一场追寻，去追逐爱与理想。有人说，人生是一场回归，归于寂静与人生的原点。但其实，无论是追寻还是回归，或许途中的风景，才是意义。

这一路，纳兰容若收获了温柔的感情，也收获了满腹诗书，收获了诸多挚友。怀揣至爱，放飞理想，这大概是人生最好的状态。

康熙十四年，纳兰容若的长子出生，取名为富格，为侧室颜氏所出。纳兰府上上下下，都为此欢喜。初为人父的容若，对这个幼小的生命充满了美好的寄托。待他牙牙学语，待他读书认字，待他长大成人，一定可以和容若一起品读诗词文章。血脉相连的人，在诗词文学的领悟上会不会更有共鸣？

这一年还发生了一件事，纳兰容若改了名字。一个小小故事，对容若的生活并无太多影响，却在千千万万的读者心中泛起了波澜。

十二月时，皇子保成被立为太子，为了避皇室名讳，容若的名字由“纳兰成德”改为“纳兰性德”。

中国古代素有避讳制度，有很严格的规定。人物姓名的避讳，主要有三种，包含了“国讳”，也就是皇帝的名字，全国上下的臣民都要避讳。还有“家讳”，也就是父母或祖父母的名字。另一种是“圣讳”，周公、孔子一类圣人的名字。其中，“国讳”要避讳的主要是皇帝本人的名讳，以及皇帝的字，皇后及皇帝的父祖名讳，甚至连皇帝前代的年号、帝后的谥号，皇帝的陵名以及皇帝的生肖和姓氏也都要避讳。

避讳制度的起源可以追溯到西周时期，当时人们已经有意识地开始避讳天子及诸侯王的名讳，《公羊传·闵公元年》中有一条写道：“春秋为尊者讳，为亲者讳，为贤者讳。”这句话，成为中国古代避讳制度的总则。到秦汉时逐渐发展成为一种制度，后来历朝历代都沿用。

在康熙皇帝登基后，因为避讳的规定，所有和“玄”“烨”两字有关的文字，一律都要修改。比如紫禁城的北门原叫“玄武门”，但为了避讳而改成了“神武门”，把药材“玄参”改名为“元参”，全国上上下下，所有牵涉到的人名、地名都需要进行变更。

康熙皇帝为了减少这条华而不实的规矩所带来的影响，在给儿孙起名的时候都会尽量选择生僻字。这样既尊重了传统，又给百姓减少了麻烦，可谓是一举两得。

次年，太子改名胤礽，纳兰容若的名字又改回了“纳兰成德”。实际上“纳兰性德”这个名字只用了一年，却被人们广为流传。

一段奇妙的轶事，成为纳兰容若生命中的小插曲，在若干年后，却被人们拾起、玩味。

纳兰容若的性格充满了矛盾，他冷傲忧郁，创作的诗词里常常流淌出沉郁的色调和淡淡的哀伤。但他又热情无邪，与知心好友结交，总是谈笑风生，落拓不羁。他的性格，矛盾又统一，因为每一面都很真实。

“真”是纳兰容若的秉性，也是他交友的原则。

他虽是京城贵公子，却很喜欢与文人结交。剥开世俗的层层粉饰，以赤诚的灵魂相交。只谈志趣，不论门第，从心所欲。

经好友严绳孙介绍，纳兰容若结识了秦松龄。秦松龄字汉石，又字次椒，号留仙，又号对岩，晚号苍岘山人。著有《苍岘山人集》，写有《趵突泉》《趵突泉和韵》。顺治十二年进士，改翰林院庶吉士，后来因逋粮案被削籍。

在曲折的命运里，遍尝人间滋味，最后都用来灌溉诗词文章。这也许是许多中国文人的生命轨迹。

秦松龄喜欢钻研诗词文章，他在闲暇时经常会邀约朋友，一起唱和诗文，这刚好和纳兰容若志趣相投。

与秦松龄相识后，渌水亭又多了一个知己，又多了一串笑声，添了几分诗意。

海子在诗中言，“以梦为马，诗酒趁年华”。那一年的纳兰容若与朋友们，正纵享韶华。渌水亭成了他们的心灵乌托邦，安放着诗酒岁月和不羁的理想。

纳兰容若向来无心功名，却有远大的抱负。作为纳兰家族的长子，科考虽然不是他的必行之路，但深受汉文化熏陶的容若，希望和所有文人一样，通过传统的科举考试入仕。

康熙十二年时，他曾因寒疾而错过殿试。这三年里，他经历了一千多个星辰交替，经历了种种故事，他行了冠礼，举行了婚礼，娶妻纳妾，又有了孩子，他阅读了更多的诗书文章，有了更深的领悟和见地。他的父亲更是一路高升，成为万人仰望的角色。

他品尝过人生的孤寂和欢愉，也最终练就了豁达之心。人生种种，皆是历练，尽心尽力，已然无悔。

康熙十五年，纳兰容若走完了他科举之路的最后一程。虽然迟了三年，但一切都是命运最好的安排。他无悔，也无憾。

当时的纳兰容若声名鹊起，尤其是《渌水亭杂识》的广泛发行，奠定了他在京城的非凡才名。所以，当他的名字出现在殿试名单上时，连主考官吴当世、宋德宜等人，都是满怀期待的。

这一次，纳兰容若顺利完成了考试。他交出的试卷，令几位主考官连连称叹，寥寥数言，可以充分看出他的文化功底，文章不只章法老练，也有独特的气韵。莫说同龄人，就算与很多当时的大家相比，也丝毫不会逊色。几日后朝廷放榜，纳兰容若果然中了二甲第七名进士。

虽然距离状元的位置尚有距离，但其实对于一个旗人少年来说，这样的成绩已经非常优异。在当时的社会环境下，汉人考生往往更加刻苦努力，珍惜这“鲤鱼跳龙门”的难得机会。而旗人子弟大多受家庭环境影响，缺乏好的学习习惯，没办法安分地把自己关在书房里，坐好那几年冷板凳。所以在科举场上放眼望去，大部分考生都是汉人。

反正对于满族贵族人家的子弟来说，他们不愁吃穿，不必吃苦，大多可以靠家里关系谋得一个小官职，因此也就懈怠了。朝廷对科举的态度是又爱又怕，他们既明白这种方式可以笼络到有真才实学的年轻人，让他们来参与国家治理，又隐隐担心科举考试会使得旗人完全汉化。

纳兰明珠未曾经历过科举考试，他因贵族身份成为大内侍卫，最后抓住机会一路高升。但是他内心非常期待儿子可以凭借自己的能力，堂堂正正走入仕途。如今他终于等到了这一天，一向冷静的脸上也浮出了笑意。

此时的纳兰容若松了一口气，就像是终于完成了高考的考生，有释然，有轻松。

不过，科考结束后，纳兰容若并没有立刻得到任命。姜宸英《通议大夫一等侍卫进士纳腊君墓表》云："而今上重器君，不欲出之外廷，置名二甲，久之，授三等侍卫，再迁至一等。"韩菼《通议大夫一等侍卫进士纳兰君神道碑铭》亦云："以二甲久次，选授三等侍卫。"

皆示纳兰容若中进士后，有较长一段时间未定其职司。

徐乾学《皇清通议大夫一等侍卫佐领纳兰君墓志铭》：

> 岁丙辰，应殿试……名在二甲，赐进士出身。闭门埽轨，萧然若寒素，客或诣者，辄避匿。拥书数千卷，弹琴咏诗，自娱悦而已。未几，太傅入秉钧，容若选授三等侍卫，出入扈从，服劳惟谨……

从史料考证中可见，纳兰容若在科考后闭门埽轨，致力于诗歌古文的研究。徐乾学所说的“未几”，大概又是多长时间？有学者经考证认为是康熙十六年秋冬间，纳兰容若始被任命为乾清门三等侍卫。

未得功名，也许对于当时拥有满腔热忱的容若来讲，会有几分遗憾和失落。但人生得失，岂止于表面。虽然没有得到任命，却也因此多了一段自由时光。

彼时的纳兰容若，人生中有知己、有诗书、有朋友，这一切已经足以让他感到安心。

渌水亭中，纳兰容若释放着内心的敏感，畅享诗意的岁月。一次偶然，他看见了一首顾贞观的词。

嘹唳夜鸿惊，叶满阶除欲二更。一派西风吹不断，秋声。中有深闺万里情。　　片石冷于冰，雨袖霜华旋欲凝。今夜戍楼归梦里，分明。纤手频呵带月迎。

——顾贞观《南乡子·捣衣》

南乡子是唐教坊曲名，后用作词牌。又名《好离乡》《蕉叶怨》。纳兰容若也曾作过一首《南乡子·捣衣》。反复吟诵过两首词后，容若心生敬佩。顾贞观的一句“片石冷于冰”把徭役之苦和痴男怨女的深情写到了极致。

通过诗词，他对素未谋面的顾贞观，有了知己之感。

鸳瓦已新霜，欲寄寒衣转自伤。见说征夫容易瘦，端相。梦里回时仔细量。　　支枕怯空房，且拭清砧就月光。已是深秋兼独夜，凄凉。月到西南更断肠。

——纳兰容若《南乡子·捣衣》

五年前，也许因为缘分尚浅，纳兰容若与顾贞观在广源寺擦肩而过。但命运早已埋下伏笔，他们的人生轨迹因为诗文慢慢交错。终有一天，他们会相遇，演绎一段高山流水的知己佳话。

这一年，在纳兰容若平静地过着自己的诗书岁月时，顾贞观在命运的安排下，来到了京城。

顾贞观是前朝大儒顾宪成的曾孙。顾宪成的一句“风声雨声读书声声声入耳，国事家事天下事事事关心”落入了千千万万文人的心中，留下了深深的烙印。

顾贞观是纳兰容若一生之中最重要的朋友。康熙十五年，顾贞观四十岁，纳兰容若二十二岁，相隔十八年的人生沉浮，他们获得了灵魂的共鸣。

顾贞观此行到京城是为了营救一位朋友吴兆骞。顺治十四年，由于一场科考舞弊案，吴兆骞无辜遭受牵连，他的家产被罚没入官，他的父母兄弟妻子一同被流放宁古塔。

宁古塔并不是一座塔的名字，而是地名，它是满族的发源地，有新旧两城，旧城位于今黑龙江省海林市长汀镇旧古城村，新城位于今黑龙江省宁安市。清初主要作为牧场及流放囚犯的地方，命运的驱使下，吴兆骞成为其中一员。

吴兆骞出身书香门第，才学出众，兄弟几人都是当朝很有名望的文人。当时江南文人中流行结社，吴氏兄弟加入了慎交社，又很快成为骨干力量，顾贞观和徐乾学也都是慎交社的成员。

吴兆骞的遭遇，激起了当时很多文人的愤慨，他们纷纷写文赋诗，为其发声。顾贞观也创作了两首《金缕曲》为吴兆骞鸣不平，并一直在为此奔走，想方设法地营救好友。

当时的宁古塔还比较落后，环境恶劣，生存条件艰苦。吴兆骞《秋笳集》卷八《与计甫草书》中有："塞外苦寒，四时冰雪。"

每每想到友人深陷苦寒之地，顾贞观便悲从中来。但是顾贞观身为明末东林党人的后代，纵有一身才学，也很难在当朝得势。仕途坎坷，是毋庸置疑的命运。

顾贞观曾在顺治末年辞亲远游来到京师。后来因为才学出众，得到了尚书龚鼎孳和大学士魏裔介的引荐，任秘书院中书舍人，康熙五年中举，改任国史院典籍，官至内阁中书。次年康熙南巡，他作为扈从随侍左右，一直到康熙十年，因为受到同僚的倾轧排挤，最终解职归乡。从此，随心而活，随遇而安，选择做一个飘零的词人。

时间年复一年地过去，于他而言，不过是人生一重又一重的旅程，而对于吴兆骞一家人来说，却是日复一日的煎熬。

为了好友，顾贞观选择再次奔走京师，纵使希望渺茫，他也不会放弃，这也许就是文人骨子里的韧劲，不畏时光，不畏艰险。

因为这份侠义和执着，纳兰容若与顾贞观有了相识的契机，而后为解救吴兆骞，容若更是出了不少力。

人生的相遇和相识，看似偶然，却又环环相扣。两个同频的灵魂，隔着万水千山，总会遇见。

词海泛舟，忘却世间烦愁

命运细细地推敲着每一个故事，为相遇和离别，埋下了深深的伏笔。

康熙十五年，顾贞观和纳兰容若的人生正式产生了交集。

顾贞观虽然仕途不顺，但才学过人，又乐于结交文友。他和徐乾学是慎交社的同门，当时恰好也都在京城，他和纳兰容若的好友严绳孙是同乡好友。所以经由这两位共同好友的介绍，顾贞观与纳兰容若相识。

渌水亭上，容若曾在此细细品读过他和顾贞观的两首《南乡子·捣衣》，未见其人，先读其词。所以，这次相遇对纳兰容若而言，虽是初识，却更似重逢。

他们在一起激情澎湃地谈论着诗词艺术，共同畅游于超然于现实的纯粹世界。

千万人之中，有人听懂了你心底的弦音，这是幸运，也是宿命。

与纳兰容若结交，顾贞观还曾在一首词的注中做过记载。在《弹指词》中有《金缕曲·酬容若见赠次原韵》一首，词后自注云："岁丙辰，容若二十有二，乃一见即恨识余之晚。阅数日，填此曲为余题照。"

德也狂生耳。偶然间、缁尘京国，乌衣门第。有酒惟浇赵州土，谁会成生此意？不信道、遂成知己。青眼高歌俱未老，向樽前、拭尽英雄泪。君不见，月如水。　共君此夜须沉醉，且由他、蛾眉谣诼，古今同忌。身世悠悠何足问，冷笑置之而已。寻思起、从头翻悔。一日心期千劫在，后身缘、恐结他生里。然诺重，君须记。

——纳兰容若《金缕曲·赠梁汾》

顾贞观，字华峰，号梁汾。

这一首词，是容若与顾贞观友情的见证，酣畅淋漓地记录了他们的相遇相知。

在词中，容若自称京城里狂放不羁的书生，生于富贵门庭，混迹京城。这一切，都不过是他无从选择的命运。他坦率地表达了自己的富贵家境皆得于偶然，也是希望出身素寒的友人，不要把他当作贵公子。

这首词，还用到了几个典故。“有酒惟浇赵州土”，来自唐代诗人李贺的诗句：“买丝绣作平原君，有酒惟浇赵州土。”李贺的两句诗，表达了对战国时期赵国公子能够赏识贤士的敬仰之情。他举起酒杯，浇向赵州，觉得茫茫宇内，唯独平原君值得景仰。可他们相隔的，是遥遥千年时光，也映衬了李贺当时怀才不遇的失落心境。

纳兰容若生于名门，与李贺境遇大不相同，但他内心极其渴望结交贤士。他希望能够有赵国公子平原君这样的人来招纳天下贤士。

诗词的前几句，用低回的情感叙事，写尽了对知己的渴望。而正在他求贤若渴、山穷水尽时，他遇见了梁汾。心中的快意在笔端蓄势后喷涌而出，难以说尽。

既然命运成全了这一次相遇，何不趁着大好年华，纵情高歌，开怀畅饮。

今朝，纳兰容若以心相许，未来纵千难万险，但友谊长存。

顾贞观在读到这首《金缕曲》时，心中一定是感动的。人生沉浮四十载，寂寞心事几人知，如今他终于等到了这位知己。千言万语难以说得尽当时顾贞观内心的激动，唯有唱和一曲。于是，一首《金缕曲·酬容若见赠次原韵》应时而生。

且住为佳耳。任相猜、驰笺紫阁，曳裙朱第。不是世人皆欲杀，争显怜才真意。容易得、一人知己。惭愧王孙图报薄，只千金、当洒平生泪。曾不直，一杯水。　　歌残击筑心逾醉。忆当年、侯生垂老，始逢无忌。亲在许身犹未得，侠烈今生已已。但结托、来生休悔。俄顷重投胶在漆，似旧曾、相识屠沽里。名预籍，石函记。

——顾贞观《金缕曲·酬容若见赠次原韵》

在这一首词中，顾贞观和纳兰容若的原韵对那首《金缕曲》做了回答。

纳兰容若曾以平原君自期，顾贞观则以侯嬴自比。侯嬴是战国时期魏国都城的一个守门人，当时年已七十且身体衰老。“战国四君子”之魏国信陵君魏无忌，礼贤下士，且从不以门第取人，在听闻了侯嬴是一位贤才之后便准备了厚礼登门拜访。

有一次，信陵君举办了一次盛大的宴会，众人纷纷就位，但是信陵君没有入席。因为他要去城门迎接侯嬴。

后来长平之战爆发后，赵国都城邯郸被包围，当时赵国平原君的夫人正是魏国信陵君的姐姐。平原君向信陵君求救，但彼时形势危急，信陵君束手无策。关键时刻，侯嬴出谋，窃符救赵。但盗兵符，杀“宿将”晋鄙，举魏国之兵去救赵国，无论最终成败与否，这都是死罪。侯嬴心中感念信陵君的知遇之恩，不忍心他背负罪责，选择自刎，保全信陵君的声名，“士为知己者死”便是如此。

顾贞观用这个典故是与纳兰容若用的典故对应，尽显彼此知己情谊。

此阕词的感人之处还在那句“不是世人皆欲杀，争显怜才真意”，是用了杜甫回忆李白的诗句，“世人皆欲杀，吾意独怜才”。顾贞观才学甚高，但是人生坎坷，屡遭猜忌和打压，一直处于一种“世人皆欲杀”的氛围中。而这样一个深陷人生困境中的人，得到了纳兰容若最珍贵的信任和友情。

《金缕曲》成了他们友情的见证，但彼此的深情厚谊，一两首词又怎能说得尽。

木落吴江矣，正萧条、西风南雁，碧云千里。落魄江湖还载酒，一种悲凉滋味。重回首、莫弹酸泪。不是天公教弃置，是南华、误却方城尉。漂泊处，谁相慰。　　别来我亦伤孤寄。更那堪、冰霜摧折，壮怀都废。天远难穷劳望眼，欲上高楼还已。君莫恨、埋愁无地。秋雨秋花关塞冷，且殷勤、好作加餐计。人岂得，长无谓。

——纳兰容若《金缕曲·寄梁汾》

通过日复一日的相处，纳兰容若与顾贞观的感情也越发深厚。初见的欢愉，很快就变成了惺惺相惜。

两个才华横溢的人聚在一起，必定会碰撞出不一样的火花。这火花，便是诗词。于是，他们携手做了两件大事。

一件事是编辑纳兰容若的词集，题为《侧帽词》，并刻板印刷。这本词集也是纳兰容若词集的最早版本，只可惜如今已经散佚，无处可寻。另一件事是筛选当时词坛佳作，汇编成了《今词初集》。

知己好友，情趣相投，与朝露星辉为伴，沉浮于诗词之间。

忙碌的日子不觉疲累，反而充盈着诗意。彼时的容若与顾贞观，一定是沉浸于无限的满足中。

纳兰容若为了感谢顾贞观帮忙编辑词集还特地赋了一首《虞美人·为梁汾赋》：

凭君料理花间课，莫负当初我。眼看鸡犬上天梯，黄九自招秦七共泥犁。　瘦狂那似痴肥好，判任痴肥笑。笑他多病与长贫，不及诸公衮衮向风尘。

纳兰容若笔锋犀利，言语之间不乏嬉笑怒骂，又带着几分坦然和潇洒。他把自己和顾贞观比作黄九秦七，表明二人醉心诗词、不合尘俗的志向。

在词中，纳兰容若以赵崇祚的《花间集》比喻自己的词集《侧帽词》。容若这部词集，顾贞观在康熙十七年曾对此进行过增补，并改名为《饮水集》。

纳兰容若的词集印刻成册后，在当时产生了轰动效应，“家家争唱饮水词”。他一生词作颇丰，近代学者王国维就给其极高赞扬：“纳兰容若以自然之眼观物，以自然之舌言情。此由初入中原未染汉人风气，故能真切如此。北宋以来，一人而已。”晚清词人况周颐也在《蕙风词话》中誉其为“国初第一词手”。

顾贞观长于填词，早年与吴兆骞齐名，后与陈维崧、朱彝尊并称词家之绝。在词学研究上，纳兰容若与顾贞观有更多的共同语言，也有一致的情怀追求。

在完成《侧帽词》的刻印后，纳兰容若与顾贞观便投入到《今词初集》的汇编中。《今词初集》共 2 卷，选录了清初三十年间的词人 184 位，词作 617 首，不仅容量大，而且各类代表人物尽搜遍举，各种风格尽量齐备，有力地推动了清初的词学发展。

词集的汇编必定存在选择与取舍，而这种选择，正是审美的一种反映。在这本词集汇编中，陈子龙的词就入选了 29 首，居于其首，其中心思不言而喻。很显然，他们将陈子龙置于清词开山鼻祖的地位，他的词作，也自然成为词的审美旗帜。

康熙十六年，他们请了鲁超作序。

> 吾友梁汾常云：诗之体至唐而始备，然不得以五七言律绝为古诗之余也；乐府之变，得宋词而始尽，然不得以长短句之小令、中调、长调为古乐府之余也。词且不附庸于乐府，而谓肯寄闰于诗耶？
>
> 容若旷世逸才，与梁汾持论极合，采集近时名流篇什，为《兰畹》《金荃》树帜，期与诗家坛站并峙古今。
>
> ——鲁超《今词初集》序节选

与诗相比，词的出现晚了一程，它兴于唐而盛于宋。两宋时期名家辈出，到了元明两代，词坛寂寞，偶有佳作却也无力挽回颓势。到了清朝，忽而有了柳暗花明的转机，纳兰容若便为这清代词坛写上了浓墨重彩的一笔。

词，也叫作“诗余”，曾经被人们视为艳科小道，这显然是一种偏见。

纳兰容若曾在《填词》中阐述了对诗与词的见解：

诗亡词乃盛，比兴此焉托。
往往欢娱工，不如忧患作。
冬郎一生极憔悴，判与三闾共醒醉。
美人香草可怜春，凤蜡红巾无限泪。
芒鞋心事杜陵知，只今惟赏杜陵诗。
古人且失风人旨，何怪俗眼轻填词。
词源远过诗律近，拟古乐府特加润。
不见句读参差三百篇，已自换头兼转韵。

诗与词各有特质，但归根结底都是一种文学体裁，一种抒发性灵的方式。

为了扭转这种偏见，纳兰容若等人要为词坛，立一把审美的尺子，同时也是要提升词的地位。让词拥有与诗并重的地位，而不再被当作“诗余”。

他们主张填词是为了抒发性灵，表达真心，不必附庸于诗，更不要炫耀才学，同时要摒弃一些陈词滥调和浮华艳语。这是从历史的眼光为词谋发展。足以见得二人的远见卓识。

《今词初集》凝聚着纳兰容若与顾贞观的心血。为求一篇跋文，顾贞观特地携文稿来到开封，寻找毛际可。

毛际可，字会侯，号鹤舫，晚号松皋老人，擅长古文，著述丰富，存词180多首。晚年在家乡主持书院，远近前来求教者颇多。

顾贞观与毛际可相见后畅谈诗词，甚为投缘，后应顾贞观请求，毛际可为《今词初集》作了跋文。

> 近世词学之盛，颉颃古人，然其卑者掇拾《花间》《草堂》数卷之书，便以骚坛自命，每叹江河日下。今梁汾、容若两君权衡是选，主于铲削浮艳，舒写性灵，采四方名作，积成卷轴，遂为本朝三十年填词之准的。
>
> 丁巳春，梁汾过余浚仪。剪烛深宵，所谈皆不及尘俗事。酒酣，出斯集见示，吟赏累日，漫附数语归之。
>
> ——毛际可《今词初集》跋节选

对于普通读者而言，词是柔软的句子，或华美秀丽，或柔婉哀伤，或豪放不羁。而对于纳兰容若和顾贞观这样的词人而言，词是信仰。

所以，他们甘愿以时间、以生命喂养，拼尽全力撕开偏见，整肃浮躁的词坛之风。

他们为此努力着，也因此感到幸福。词海泛舟，忘却世间烦愁，这也许就是文人墨客最大的快乐。

第六章

花落断肠，深情背后是累累伤痕

不可预知的命运

我们在精神的世界里策马扬鞭，也要面对现实世界里的风云变幻。

一直以来，顾贞观始终都记挂着解救好友吴兆骞这件事。

在吟诗填词、把酒欢歌之余，他的眉头总会不自觉地浮上几许哀愁。那一直潜藏在心底的夙愿，他从未放弃，却遥遥地看不到希望。

彼时，吴兆骞已经在塞外忍受了十八年的苦寒，顾贞观不知道这位好友还能熬多久。

酒入愁肠，他便将心底的悲痛与担忧向纳兰容若和盘托出。

在顾贞观饱含深情的讲述中，纳兰容若了解了整个事情的来龙去脉。也读到了顾贞观为吴兆骞所作的两首《金缕曲》，为他们的友情深深感动。后来容若也曾多次和顾贞观讨论营救吴兆骞，并记录在词中。

洒尽无端泪，莫因他、琼楼寂寞，误来人世。信道痴儿多厚福，谁遣偏生明慧？莫更著，浮名相累。仕宦何妨如断梗，只那将，声影供群吠。天欲问，且休矣！　　情深我自判憔悴。转丁宁、香怜易爇，玉怜轻碎。羡杀软红尘里客，一味醉生梦死。歌与哭、任猜何意。绝塞生还吴季子，算眼前、此外皆闲事。知我者，梁汾耳。

——纳兰容若《金缕曲·简梁汾，时方为吴汉槎作归计》

“知我者，梁汾耳。”人生得一知己，无憾。

此词另有一个标题“简梁汾，时方为吴汉槎作归计”。这也表明了这阕词写于纳兰容若与顾贞观的一次倾心长谈后，是以词代书信的挚友间私语。

在这一次畅谈中，顾贞观向纳兰容若讲述了他心底一直都记挂的营救吴兆骞的事情，说到动情处，总是止不住泪水涟涟。

在纳兰容若的这首词中，有对朋友的安慰，也有对那些才华横溢之人偏偏际遇坎坷的慨叹。

他说“痴儿多厚福”，可你却偏偏天生聪慧，历尽了苦痛。

诗词中洋洋洒洒皆是衷情大义以及古道热肠，又直言抨击趋炎附势、蝇营狗苟的世俗情态，一腔“深情真气”感人肺腑。

纳兰容若与吴兆骞并不相识，但与朋友相处要以心换心，那么顾贞观的夙愿便是他的夙愿，顾贞观的朋友也便是他的朋友，自然不会有半分含糊。

解救吴兆骞的事情并不容易，在政治上也有很大风险，不是简单筹谋就能解决的。一切还要从长计议，慢慢运筹。

他对顾贞观说："此事三千六百日中，弟当以身任之，不俟兄再嘱也。""人寿几何，请以五载为期。"两个人约定以五年为期，一定要将吴兆骞解救出来。

纳兰容若在追溯与吴兆骞的交往时写道：

> 自我昔年，邂逅梁溪（顾贞观），子有死友，非此而谁？金缕一章，声与泣随，我誓返子，实由此词。

纳兰容若向来不喜欢参与政事，但为了解救吴兆骞，他特地向父亲寻求帮助，想方设法地营救这位蒙冤的才子。

康熙十七年正月，康熙皇帝诏遣侍臣致祭长白山时，吴兆骞赠《封祀长白山二十韵》和《奉赠封山使侍中对公》两首诗，并写下了数千言"词极瑰丽"的《长白山赋》，这极有可能是纳兰容若安排的。

一诺千金，纳兰容若必然不会忘却对顾贞观的承诺。只是，他们还需要寻找更加成熟的时机。

一直到康熙二十年，康熙皇帝为了巩固自己的统治，笼络汉族地主阶级，特下诏“广解额，举隐逸，旌节孝，恤孤独，罪非常赦不原者悉赦除之”。这一政令，也为众人解救吴兆骞提供了契机。

其实，吴兆骞案件属于冤案，在政治清明的康熙王朝理应得到平反。但这一案件是当年顺治皇帝钦定，属于铁案，并且顺治皇帝已经驾崩多年。所以康熙皇帝最终以“纳锾”的方式放归了吴兆骞。《计东吴兆骞传》中提到“已而友人顾贞观言于纳兰成德、徐乾学，为纳锾，遂于康熙二十年赦还”。

在纳兰容若、徐乾学、徐元文等人的帮助下，吴兆骞得救。

顾贞观在吴兆骞入关前夕，还致书说：

此举相公乔梓（谓明珠父子）实费苦心……，吾兄归当备悉之。容兄急欲晤对，一到祈即入城，前世宿缘，定知倾盖如旧也。

回到京城后，纳兰容若还曾请吴兆骞和他的弟弟吴兆宜做纳兰府上的塾师，和顾贞观一起教育自己的弟弟和子女。

按照与顾贞观“五载为期”的约定，纳兰容若成功地实现了他

“思有以谋归汉槎”的承诺。

对于吴兆骞的归来，容若非常高兴。一方面是为这位蒙冤的才子获救而高兴；另一方面，好友顾贞观的夙愿终于达成。兴奋之余，纳兰容若还特地为此赋诗。

才人今喜入榆关，回首秋笳冰雪间。
玄菟漫闻多白雁，黄尘空自老朱颜。
星沉渤海无人见，枫落吴江有梦还。
不信归来真半百，虎头每语泪潺湲。
——纳兰容若《喜吴汉槎归自关外，次座主徐先生韵》

诗中毫无居功之意，而是充满了欣喜之情。

出身于富贵门庭的贵公子，没有半分纨绔气息。他不在意俗世名利，更渴望追求人性中的至善至美。

康熙二十二年春，吴兆骞回到了苏州。在纳兰容若等人的资助下，他在故乡筑屋三间，命名为“归来草堂”。回到家乡后由于长期生活在北方已不适应南方水土，第二年便病重。

康熙二十三年十月十八日，吴兆骞因疾客死京邸，时年五十四岁。

对于吴兆骞而言，他半生蒙冤，在关外落魄流放二十二年。

在流放宁古塔的众多人中，吴兆骞文学造诣极高。宁古塔这个“塞外绝域”的山山水水、风土民情都深深地镌刻在他的记忆中。二十二年的所见所闻所感，落笔纸上，便散发出诗词的芬芳。他的诗词集《秋笳集》和《归来草堂尺牍》流传于后世，也让今天的人们有幸了解三百多年前的东北和宁古塔。

这期间，诸多知己好友以及慕名文人，始终将他的安危和清白记挂于心，多年来为他奔走。最终，吴兆骞得以回归故土。

纳兰容若交友甚广，他结交的朋友不仅有文人，也有修道者。

康熙十五年，纳兰容若与佛道结缘。

那一年，京城里来了一位神秘的道士。关于他的种种故事，也在坊间传开。有人说，他能呼风唤雨；有人说，他能祛病消灾。在人们的热议中，这位道士被传得神乎其神，求见者络绎不绝。

从今天的视角来看，如此套路，更像是江湖骗子。

但剥开神秘的面纱和重重迷雾，历史的真相，也许并不同于我们脑补出的剧情。

这位法师叫施道渊，字亮生，号铁竹道人。来自苏州横塘，出身贫寒，十三岁便上穹窿山修道。他潜心读书，渴望成就一番事业。当年李自成起事后，他便下山闯荡，加入了李自成麾下。

在梦想的世界里，他渴望大展宏图。但是初出茅庐的少年没料到，现实中的利欲权谋如此残酷。

壮志未酬，大业未成，李自成的内部各种势力便已经开始斯杀内讧，最终起义失败。

在红尘里走了一遭的施道渊满身伤痕，真实地体会过世俗的滋味。

俗世炼心，红尘悟道，他选择归去，没有半分失意，而是一身轻松。

从此深居简出，潜心修道。在顺治年间，他曾主持修建穹窿山道观，顺治皇帝特赐匾额“上真观”，并赐施道渊“道渊”的法名。此后，上真观与施道渊的名字天下皆知。

康熙十五年，施道渊被皇帝召见，因而到了京城。当时京城周边大旱，皇帝请施道渊祈雨，但其本意实为安抚民心。巧的是，施道渊在祈雨之后，果然下了一场大雨。施道渊也因此被京城人传得神乎其神。

施道渊一心求道，无心尘世声名，在京祈雨后便打算尽快离京，回归穹窿山。在临行前，纳兰容若与施道渊因缘结识。

施道渊道学深厚，一番长谈后，容若深为叹服。正是这一次的接触，容若有机会了解了一个全新的宗教世界，也开始了对道学的研究。

他像个孩子般，纯真地探索着神奇而玄妙的道教世界。

施道渊归去时，纳兰容若还特地赋诗相送。《送施尊师归穹窿》

和《再送施尊师归穹窿》都是此时所作。

施道渊为纳兰容若的精神世界打开了一道门，门后，是道与佛的空灵世界。

身居富贵中，人生一切顺遂，为什么纳兰容若会如此向往仙佛？其实在《渌水亭杂识》中，已经可窥见其心思。

他在《渌水亭杂识》卷四中说：“三教中皆有义理，皆有实用，皆有人物。”这里把儒、道、佛三家并列。他主张儒、道、佛三家的书都要细读，三家的学问都要有。他说：“大抵一家人相聚，只说得一家话，自许英杰，不自知孤陋也。读书贵多贵细，学问贵广贵实。”

足以见得，纳兰容若追求的是学问、是见识。

深受佛与道影响的纳兰容若，还自号“楞伽山人”。《渌水亭杂识》中记载了不少关于仙佛、修道的故事，他甚至对炼药成仙的事情也做了记载。

若干年后，纳兰容若的狂热渐渐退去，但心中依然留下了几分禅意，正是那几分禅意，慰藉了他苦闷的心，在历尽了人世的沉浮和苦涩后，能得几分舒缓。

回头看才发现，原来，人生里从来没有仓促的故事，往事中早已埋下前缘。

情深不寿，来不及爱你

每个人的生命里，总有些难忘的光辉岁月。

故事起承转合，在时间的卷轴上慢慢铺展。康熙十五年，纳兰容若的生命里，写尽了美好。

结交挚友，红颜相伴，高中进士，作词著书……

这一年，同样还有一件重要的事情，卢氏怀了身孕。卢氏向来喜欢孩子，每次抱着颜氏的儿子富格，都抑制不住内心的欢喜。如今，她终于得偿所愿，孕育了一个小生命。开花结果后，她与容若的爱，终于能够完满。

多少个日日夜夜，纳兰容若将妻子拥入怀中，感受彼此的温度，聆听彼此的心跳。如今，他们有了爱的结晶，幸福的故事又将添上更生动的一笔。

虽然这并不是纳兰容若第一次做父亲，但却是他与卢氏的第一个孩子，意义非凡。他掩饰不住内心的激动和兴奋，期待这个生命的到来。

纳兰容若体恤妻子怀孕的辛苦，处处照顾，常常会陪着她到院子里散步，讲各种在书中看到的典故，为妻子解闷。

卢氏妊娠的疲乏，被容若的体贴入微所消解。柔软的时光里，装满了幸福和期待。

他们一起筹划并期待着关于孩子的未来。若是男孩教他读书作文，伴他成长，看他娶妻生子；若是女孩，教她琴棋书画……

人生几近圆满，可是这看似的完美之中，却仍有挥之不去的愁思。

容若在生辰之际为自己填词一首，尽抒心绪。

马齿加长矣，枉碌碌乾坤，问汝何事。浮名总如水。拚尊前杯酒，一生长醉。残阳影里，问归鸿、归来也未。且随缘、去住无心，冷眼华亭鹤唳。　　无寐。宿酲犹在，小玉来言，日高花睡。明月阑干，曾说与，应须记。是蛾眉便自、供人嫉妒，风雨飘残花蕊。叹光阴、老我无能，长歌而已。

——纳兰容若《瑞鹤仙·丙辰生日自寿》

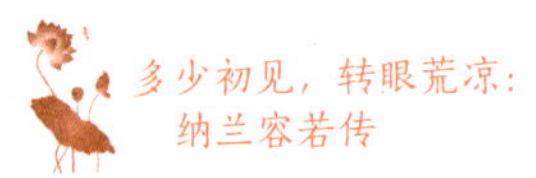

词中，丙辰即是康熙十五年，这年容若二十二岁。

词的上阕弥漫着朦胧迷惘的哀愁，他自嘲着年复一年，岁月轮转，自己仍旧庸庸碌碌，没有作为。

一句“且随缘、去住无心，冷眼华亭鹤唳”道尽了他无心仕途，又不想被功名所累的心情。

“华亭鹤唳”出自南朝宋刘义庆的《世说新语·尤悔》：“陆平原河桥败，为卢志所谗，被诛，临刑叹曰：‘欲闻华亭鹤唳，可复得乎？’”

西晋的名士陆机在为官前曾和他的弟弟陆云居于华亭，闭门读书十年。后来他被成都王司马颖赏识重用，开始了宦海沉浮，最终招致杀身之祸，临死前发出了对华亭鹤唳的怀恋和慨叹。

面临新生命的到来，本该欢喜。而纳兰容若在诗词之中，尽抒惆怅。

面对这完美又充满失落的人生，只得“叹光阴、老我无能，长歌而已”。

也许，忧郁的底色，早已渗入了他的生命，成为他人生的一部分。

卢氏看出了纳兰容若幽深的眼眸中深藏的重重心事，她有时会为他送来一杯清茶，一盏淡酒，为他抚琴一曲。她总是能够恰到好处地安抚纳兰容若，为他排解几分忧愁。

她懂他，却无法真正地解救他。

敏感酿出了多情，也催发了才思。惆怅缱绻于心，纳兰容若只有借词遣怀。但他并不会把愁绪带到生活中。对怀孕的妻子，纳兰容若总是照顾有加，细心呵护着她的起居饮食。

他珍惜温婉的妻子，珍惜眼前的生活。因为这份珍惜，平静的生活流淌出了温柔的音符，高悬在他的生命中，多年后再回首，仍是旖旎动人。

很多人总是在历尽千帆后，才懂得珍惜最平凡、最美好的人间烟火。纳兰容若早早便懂得了珍惜，却万万没有想到，这一切美好灿如烟花，却转瞬即逝。

卢氏十月怀胎，在紧张的期待中，纳兰府上又多了一位小公子，取名富尔敦。

新生儿降临，让整个纳兰府上又充满了喜气。可没有人想到，这喜悦背后是万丈深渊。它张开血盆大口，吞噬了卢氏的生命，也吞噬了纳兰容若的幸福。

虚弱的卢氏望着自己的孩子，满眼喜悦的泪水。为母则刚，她把自己的血与痛，都化作了对孩子的期待。

生产过后，卢氏的身体越发虚弱，且不见好转。家人四处求医问药，仍旧不见效果，阴云悄悄地笼罩了纳兰府。

看着爱人越发憔悴，容若心疼了，也心慌了。他第一次面对这种无能为力的痛苦，却只能寄情于词作之中。

金液镇心惊，烟丝似不胜。沁鲛绡、湘竹无声。不为香桃怜瘦骨，怕容易，减红情。　将息报飞琼，蛮笺署小名。鉴凄凉、片月三星。待寄芙蓉心上露，且道是，解朝酲。

——纳兰容若《唐多令·金液镇心惊》

在现实面前，纳兰容若成了一个无助的孩子。药石不治，他只能想办法为妻子求仙问道。哪怕只有一线生机，他都要去尝试，哪怕这生机看上去犹如黄粱一梦。

在词中，我们见到的不再是那个藏着几分忧郁，又有几分潇洒的词人，而是一个失魂落魄，为了妻子病情而乱投医的丈夫。

他失去了往日的云淡风轻，变得焦虑、忧愁。

纳兰容若是一个词人，却不是医生。无论他怎样努力，都无法使妻子的病情好转。生命面前，富贵才学皆如浮云，而人，是那么的卑微和无力。

卢氏日渐憔悴、虚弱。妻子身体承受的痛苦，就如同利刃，一刀刀地刻在容若的心上。他时时刻刻守护在侧，渴望为心爱之人减缓病痛。渴望奇迹降临，让妻子恢复健康。

容若无数次祈祷，却终是没能得到命运的回应。他挚爱的卢氏，就如同一颗星星，在那几年短暂的光景里，给他留下了一片璀璨记忆，又回归于茫茫夜空。

康熙十六年五月三十日，这普普通通的一天，在纳兰容若的生命中烙下深深的痛。卢氏因为产后的并发症而去世，这一年，她二十一岁。本该如花般盛放的年纪，却被病魔残酷地夺去了生命。

她走了，像风一样离去，也带走了纳兰容若对爱的期待和向往，留给他一段刻骨铭心的往事。

林下荒苔道韫家，生怜玉骨委尘沙。愁向风前无处说，数归鸦。　　半世浮萍随逝水，一宵冷雨葬名花。魂是柳绵吹欲碎，绕天涯。

——纳兰容若《山花子·林下荒苔道韫家》

在纳兰容若的心中，妻子秀外慧中，是一个可以与谢道韫比肩的女子。她给了他温柔的爱，还有一份知己般的懂得。他们曾惺惺相惜，朝暮相伴。

无情的命运为什么将她匆匆带走，斩断了美满情缘？

风乍起，寒鸦声声，诉尽凄凉。迷蒙暮色里，伫立着一个伤心人。

“半世浮萍随逝水，一宵冷雨葬名花。”这样的凄清意境，唤起了多少愁绪。也许多年以后，曹雪芹在书写林黛玉的忧愁时，也同样有此感触。于是，《红楼梦》中“黛玉葬花”，万千愁情，在凋谢的芳魂里得到延续，沿着时间的河，蔓延到读者的心中。

回忆很美，现实锥心。这是每个人的命运中都不可逃脱的得与失的哲学。

曾经，纳兰容若为妻子写下了温柔的《浣溪沙·旋拂轻容写洛神》把她比作洛神。如今，再次提笔，字字泣血，皆是累累伤痕。

青衫湿遍，凭伊慰我，忍便相忘。半月前头扶病，剪刀声、犹在银釭。忆生来、小胆怯空房。到而今，独伴梨花影，冷冥冥、尽意凄凉。愿指魂兮识路，教寻梦也回廊。　咫尺玉钩斜路，一般消受，蔓草残阳。判把长眠滴醒，和清泪、搅入椒浆。怕幽泉、还为我神伤。道书生、薄命宜将息，再休耽、怨粉愁香。料得重圆密誓，难禁寸裂柔肠。

——纳兰容若《青衫湿遍·悼亡》

王国维在《人间词话》中说：“一切景语，皆情语也。”

词的开篇，就已经是“青衫湿遍”，湿透了青衫的，是思念的泪水。

悲伤像一场滂沱大雨，不需要任何伏笔，汹涌而来，汪洋恣肆。至亲至爱，生死离别，纳兰容若已经无法克制自己的悲伤，难过得像个孩子。

回忆最美，也最伤人。“凭伊慰我，忍便相忘。”卢氏待他一片真心，他又怎么会将她忘怀。

没有卢氏的未来，已经是一片黯然，他只能不断地在回忆里寻找她的身影。每当想念她的时候，仿佛还能想起许多细微琐事，比如能听见她剪灯花的声响，看见娇小的影子映在墙上，忽明忽暗。

“半月前头扶病，剪刀声、犹在银釭。”半月前，妻子还在身边，在灯下做事。再看如今，已经是阴阳两隔。

从前妻子胆小，一个人在房间里都会害怕，可如今她独自一人，躺在冰冷幽暗的棺椁里，独自伴随着梨花的影子，尝尽无边的凄凉，她要如何安然睡下呢?

绝望的人，看不见未来。纳兰容若只能在回忆与当下之间来回穿梭，一来一往，饱尝思念。又或者，寄情于梦幻中，希望妻子能识得归路，与他在梦中相见。伤心处，他甚至渴望用眼泪唤醒妻子，与自己重聚人间。

他仿佛看到她飘然归来，皱着眉头对他说:“你书生命太薄，一定要多多保重，不要再纠结于男女之情。”他也隐隐担心，若是真的唤回，会不会扰了她获得的安宁，让她继续如自己这般，惶惶然活在肝肠寸断里。

伤心的人，随笔勾勒，都是一片凄凉风景。“青衫”“银钉”“梨花影”“回廊”“玉钩斜路”“蔓草残阳”“清泪”“椒浆”。词人的画卷里，是精致的画面和无尽的凄凉。

曾经的人生极尽圆满，一转身，一切成空。再回首，那往日里的红袖添香，佳人在侧的美丽场景，都显得那么残忍。也许，正应了那句“得到的都是侥幸，失去的才是人生”。

浓情酿深伤

爱妻离去，成了纳兰容若生命中的不能承受之重。

从此后，不见潇洒风流又带着几分忧郁的纳兰公子，世间又多了一个伤心人。他把自己关在了书房，也关闭了心门。

门外，世界依旧繁华精彩，于他而言却没有半分颜色。

门内，寂静无声，却涌动着关于她的记忆和温度。

深情的纳兰容若，将满怀悲愁寄托于诗词，挥笔写下了大量的悼亡词。他敢于剖开灵魂，把哀痛、悔恨、思念表达得淋漓尽致。

谁念西风独自凉，萧萧黄叶闭疏窗，沉思往事立残阳。　被酒莫惊春睡重，赌书消得泼茶香，当时只道是寻常。

——纳兰容若《浣溪沙·谁念西风独自凉》

西风吹过，孤冷寂寥。窗外黄叶萧萧，词人伫立在黄叶之下，追忆茫茫往事。

酒后小睡，春日好景正长。他和卢氏曾在闺中赌书，衣襟满带茶香，这最简单寻常的往事，却再也不能重来。煮茶，赌书，这正是当年词人李清照和丈夫赵明诚的生活雅趣，纳兰容若与卢氏也曾经有过这样幸福美满的日子，只是，这一切太短暂。

如今，她已经香消玉殒，远离凡尘，再无人与他立黄昏。

“赌书消得泼茶香，当时只道是寻常。”这是被现代人钟爱的句子。人们总是经历过人生的跌宕起伏、悲欢离别后才发现，那些曾经寻常的日子，成了闪烁在生命里的明珠，照亮了曾经，却再也无法触及。

世间悲欢，都是老故事。

生命中的喜悦、悲伤、痛苦、遗憾，在历史长河里早已经无数次重演。所以，容若的词诉尽了无数人的忧愁，也有越来越多的人，隔着几百年的时光读懂了他的心事。

消化悲伤，总是需要一个漫长的过程，也许是几年，也许是一生。

纳兰容若把无处消解的痛苦，都交给了笔墨。

春情只到梨花薄，片片催零落。夕阳何事近黄昏，不道人间犹有、未招魂。 银笺别梦当时句，密绾同心苣。为伊判作梦中人，长向画图清夜唤真真。

——纳兰容若《虞美人·春情只到梨花薄》

梨花在美丽的春天，还没有尽情享受春意，就被风吹落。这就如同他心爱的妻子，明明年纪尚轻，本可以享受大把的人生好时光，却像梨花一般在风中飘落。他怨这夕阳匆匆而落，而没有成全他为妻子招魂。

词的下阕仍是写尽相思。银笺上写着他们爱的誓言，同心承载着他们曾经的爱与欢愉。他尝尽离别的痛苦，渴望奇迹出现，妻子能够像“真真”一般从画中复活。

唐杜荀鹤《松窗杂记》曾有记载：

唐进士赵颜，于画工处得一软障，图一妇人甚丽，颜谓画工曰：“世无其人也，如可令生，某愿纳为妻。”画工曰：“余神画也，此亦有名，曰真真，呼其名百日，昼夜不歇，即必应之，应则以百家彩灰酒灌之，必活。”颜如其言，遂呼之百日……遂活，步下言笑如常。

这段故事里，有一个痴情的书生迷上了画中人。画工告诉他：这画中女子名为真真，如果你日夜深情地呼唤她的名字，百日后她便会回应你。到那时，你再将百家的彩灰酒给她喝下，她便会从画中走出，活过来。

书生照做，百日后真真果然从画中走出，书生与真真成为美满伴侣，还生下了一个孩子。后来书生辜负了真真，真真伤心后携子回归画中，任凭书生再怎么呼唤，也终是无动于衷。

用此典故，纳兰容若是希望上天能够感念他的痴情，让妻子能够像真真一般活过来。就算那是遥远的神话，他也满怀希望。

用情至深已成痴，可命运却辜负了有情人。

一次次泪水打湿了衣襟，一首首悼亡词从心口流出。妻子却没有回声，他仍旧孤身一人。

世界有序轮转，仿佛什么都没有改变，却已经将纳兰容若的灵魂掏空。

在卢氏去世后，容若的好友叶舒崇为卢氏起草了《皇清纳腊室卢氏墓志铭》，一直到卢氏的灵柩被移出双林禅院，葬入纳兰家族的祖坟时，这篇墓志铭才公之于世。

年十八，归余同年生成德，姓纳腊氏，字容若。乌衣门巷，百两迎归；龙藻文章，三星并咏。夫人职首供甘，义均主鬯，二南苹藻，无愧公宫；三日羹汤，便谙姑性。人称克孝，郑袠之壶攸彰；敬必如宾，冀缺之型不坠。宜尔家室，箴盥惟仪，浣我衣裳，纮綖是务。洵无訾于中馈，自不忝于大家。无何玉号麒麟，生由天上；因之调分凰凤，响绝人间。霜露忽侵，年龄不永。非无仙酒，谁传延寿之杯；欲觅神香，竟乏返魂之术。呜呼哀哉！

康熙十六年五月三十日卒，春秋二十有一。生一子海亮。容若身居华阀，达类前修，青眼难期，红尘置合；夫人境非挽鹿，自契同心，遇辟游鱼，岂殊比目。抗情尘表，则视有浮云；抚操闺中，则志存流水。于其没也，悼亡之吟不少，知己之恨尤深。今以十七年七月二十八日葬于玉河皂荚屯之祖茔。木有相思，似类杜原之兆；石曾作镜，何年华表之归。睹云气而徘徊，怅神光之离合。呜呼哀哉！

——叶舒崇《皇清纳腊室卢氏墓志铭》节选

几百字，写尽了卢氏的一生。她的家世背景，她的才学德行，她与纳兰容若的相识相守，也道出了她与容若的深情。二十一年的韶华，短促，也美好。

正如这篇墓志铭所言，“悼亡之吟不少，知己之恨尤深”，纳兰容若从未停止过对妻子的怀念。

从这篇墓志铭中，我们还可以获得另一个信息，就是卢氏逝于康熙十六年，而她的灵柩是在康熙十七年才下葬。她的灵柩一直停放在双林禅院，约有一年。

那一年，纳兰容若常常流连于禅院去探望他的妻子。每每回忆往事，一切都那般亲切，就如同她从未离去。

佛前的灯盏明明灭灭，容若在回忆里沉沉浮浮。也许深情是一种执念，可是既然情根深种，又如何能云淡风轻地放下呢？

他不懂，便问佛。

他在禅院里读了《法华经》《楞严经》《大悲咒》等等诸多佛家经典作品，只是反反复复地阅读，却仍旧无法斩断悲痛。

挑灯坐，坐久忆年时。薄雾笼花娇欲泣，夜深微月下杨枝。催道太眠迟。　　憔悴去，此恨有谁知。天上人间俱怅望，经声佛火两凄迷。未梦已先疑。

——纳兰容若《梦江南·宿双林禅院有感》

双林禅院里孤灯一盏，清冷寂静。纳兰容若挑灯独坐，回忆着过往种种。去年的某个夜晚，也曾如此宁静，他挑灯夜读，还有妻子在侧温暖地陪伴。在容若心中，与卢氏在一起的每一寸光阴，都尤为珍贵，哪怕是这样一个细枝末节的寻常画面。

时光飞逝，一转眼，物是人非；一转身，就是一辈子。昏黄的灯火微动，耳边传来一阵阵凄迷的经声。一回神儿，又堕入现实。

如今的禅院早已经在历史的沉浮中斑驳。但人们不会忘记，禅院里，孤灯下，曾经来过一个深情的人，他的名字，叫纳兰容若。

因为深情，有些往事未曾磨灭，有些人走出了时间，却还活着。

花开花落，生离死别，是人间常态，纳兰容若始终没有学会释怀。时间没有冲淡悲伤，反而越来越深。

只是，再多怀念和回忆在现实面前皆是枉然，纳兰容若无法躲避残酷的现实，也终于听从了众人的劝告，让卢氏入土为安。

花谢了，归于尘土。但回忆还在，就刻在他心底。

在深夜里，吞下忧伤的果子

二十几岁的年纪，人生大好年华才刚刚开始。爱妻离世，他仿佛历尽了一生沧桑。

人生无常，离别是重要的一课。无论它带给我们的是什么，都始终无法拒绝。

既然肉身还在世间，或悲或喜，或沉或浮，我们总要活着。

纳兰容若艰难地踏出回忆，走入了生活这场残酷的梦里。

秋冬时节，纳兰容若被任命为御前侍卫，随侍康熙皇帝，负责侍奉和安保工作。

皇帝是九五之尊，陪伴皇帝身侧更是一份无上荣耀的差事，因为这不仅仅是一份保卫皇帝的工作，而且是一种可以游走于朝廷内外的高级亲信，承担着“近御治国”的责任。

《清史稿》云：“谕京官三品以上及督、抚、提、镇各送一子入朝侍卫，察才任使，无子者以弟及从子代之。”

顺治年间，在满蒙八旗子弟中，只有上三旗出身的男子才可以有此殊荣担任大内侍卫，这是皇帝对高级官员的恩泽。本质上，这也是一种皇帝加强中央集权、笼络地方高级官员的方法，又能对其起到一定的制衡作用。

从长远来看，这些高官子弟成长在皇帝身边，成为皇帝的亲信，然后继续成为后来的高官。这样代代相传，而保障皇权永固。

侍卫制度是努尔哈赤时期建的，初期依然是负责汗王的警卫工作。而随着清王朝的统治加强，侍卫制度也逐渐完善。

《清圣祖实录》：“武进士中式后，兵部请旨，交管侍卫内大臣带领引见，挑选侍卫。”

《大清会典》：“一甲一名授为一等侍卫，二名、三名授为二等侍卫。二甲挑选十名，俱授为三等侍卫。三甲挑选十六名，俱授为蓝翎侍卫。嗣后永为定例。”

侍卫的待遇优厚，前途无量。这一点，纳兰容若的父亲纳兰明珠深有体会，因为他也是从侍卫一步步成为权倾朝野的权臣的。

纳兰容若的仕途之路，从此缓缓铺开。这并不是一个高起点，却有着一个可期的前途。在明珠的布局中，这让他可以同时赢得汉人士大夫的认同和旗人子弟的资源人脉。侍卫距离皇权如此之近，意味着离机会也很近。有了自己的成功在前，容若也完全可以如法炮制，去复制父亲的成功。

如今的容若，也站在了这个前途无量的光明起点上，做父亲的自然是感念皇恩，又万分欣慰。

悲伤笼罩的纳兰府上，终于迎来了一丝喜悦。纳兰府上，前来庆贺的人络绎不绝，明珠的同僚和朋友来了一拨又一拨。他们攀谈寒暄，溢美之词必不可少。明珠自然也是十分高兴，眼见着自己的儿子走上仕途，他的心情是复杂的。他的心中有期待，有欣慰，有满足。但高兴之余，他望着眼神忧郁的儿子，心中也浮起了几分担忧。

喜悦都是别人的，众人艳羡期待的官职，此起彼伏的夸赞和客套话，都让纳兰容若感到了冰冷。

的确，仕途是残酷的竞技场。竞技场内，没有温情，遵从的是弱肉强食的法则。那笑容背后隐藏的，可能是利益的盘算，也可能是锋利的匕首。

纳兰容若心里眷恋的是诗词文章，因为诗词是相对自由的，有温度的。

只有纳兰容若自己明白，这个御前侍卫的华丽开端，将会让他面临着一段长长的寂寞时光。

从前的纳兰容若，也曾渴望有机会一展抱负。而当这一切忽然来临，他身负盛名，承蒙皇恩，成了御前侍卫，才渐渐真切地体会到“高处不胜寒”的孤独。

容若的心中，有一把不同于世俗的价值标尺。

世人赞颂他文韬武略，才学出众，又得皇帝器重，未来定会前途无量。而眼前这一切，如同华丽的陷阱，囚禁了他渴望自由的灵魂。

孤独是一条坚韧的蔓藤，在喧哗的世界里疯长，在不经意间爬满心头。

在热闹的人群中，在繁华的城市里，身负盛名的纳兰容若越发感到孤寂。

纳兰容若并不是一个贪图安逸的人，御前侍卫也的确是一个前途无量的差事。按照世俗的逻辑，他必定会循着父亲的轨迹，一路攀升，从高门贵公子蜕变为权力的掌控者。

但是他内心更加渴望的是，能够在翰林院谋得一份修书的差事。诗书文章塑造了他的灵魂，那才是他的灵魂皈依之处。

如果说功名是一场被迫的征途，诗书文章才是他的安心之乡。

纳兰容若一生的终极追求，其实是回归。

回归诗书，回归本心，这是他内心深处的呐喊。

对于纳兰容若而言，词是佳酿，他可以自酿自饮，肆意表达。

可偏偏，康熙皇帝授予他武职。

桃花羞作无情死，感激东风。吹落娇红，飞入闲窗伴懊侬。　　谁怜辛苦东阳瘦？也为春慵。不及芙蓉，一片幽情冷处浓。

——纳兰容若《采桑子·桃花羞作无情死》

人群中的热闹，永远无法排遣内心深处的孤独。

世间繁华在眼前匆匆而过，身负盛名的纳兰容若将心中的寂寞倾吐在诗词之中。

从《诗经》的“桃之夭夭，灼灼其华”，到唐诗里“人面桃花相映红”的怅惘，桃花里寄托着太多愁思。飞扬的桃花落入不同人的眼底，也就有了不一样的触动。

同样的命题，杜牧写下“正是客心孤迥处，谁家红袖凭江楼”，苏轼则有“花褪残红青杏小”。而这一番景象，又被纳兰容若写出了不一样的味道。

“桃花羞作无情死”，桃花在纳兰容若眼中，绽放出的是哀伤。

世人不知，含着金汤匙出生的纳兰容若，为何骨子里流淌着清冷与幽寂。他笔下的一字一句，带着无边孤寂。

除了心底黯然的调子，词中还有一个不可不说的典故。

词中的“东阳”指的是南朝的沈约，沈约曾到东阳（今属浙江）任太守，又被称作沈东阳。齐、梁更迭之际，沈约是萧衍谋取帝位的主要谋士之一。

《梁书·沈约传》记载，沈约曾历仕宋、齐、梁，做过东阳太守。晚年不甚得志，后来曾给好友徐勉写信诉苦说：“而开年以来，病增虑切，当由生灵有限，劳役过差，总此凋竭，归之暮年，牵策行止，努力祗事。外观傍览，尚似全人，而形骸力用，不相综摄……”表达自己因操劳而日渐消瘦的苦楚。

后来“东阳销瘦”成为一个典故，李商隐《自桂林奉使江陵途中感怀寄献尚书》诗也曾言道：“张衡愁浩浩，沈约瘦愔愔。”

其实沈约在萧衍称帝（即梁武帝）后，曾有一段时间仕途顺畅，地位超然。但是梁武帝没有给沈约施展抱负的机会，而是给了他一个很高的虚衔。除了诗词表面上所陈述的伤怀情感，容若与沈约的境遇，其实是有几分相似的。

才名，不过只是一个华丽的桂冠，而他们都未能得到自己渴望的舞台。

现实未遂人愿，却别无选择。纳兰容若接受了这个职位，并尽心尽力地去对待。

身担武职，但生活中的所见所感都会触发他的诗性。在进入皇家苑囿值守时，纳兰容若也有感而发，赋诗一首。

望里蓬瀛近，行来阆苑齐。
晴霞开碧沼，落月隐金堤。
叶密莺先觉，花繁径不迷。
笙歌回辇处，长在凤城西。

——纳兰容若《入直西苑》

诗中没有歌功颂德，尽展艳丽风光。寥寥数语，勾勒了一幅生动的皇家图景。这样的纳兰容若，深得康熙皇帝的赏识。

皇家侍卫的工作内容，不单单是要做皇家的保卫工作。皇帝需要处理的政务繁多，有时候也会让侍卫协助。比如帮忙通报、传递公文等。因此，侍卫的工作内容也涉及礼仪、政事等。

一直以来，侍卫更容易获得皇帝的信任和青睐，未来的发展无可限量。在当时来说，侍卫是一个完美的政治踏板。

可纳兰容若偏偏无心政治，众人艳羡的美差，却是他的牢笼。

父母看见了他的落寞，却始终不明白他为什么而哀愁。他们以为，容若只是没能走出妻子去世的悲伤。他们以为，时间是最好的解药，会冲淡所有痛苦。可偏偏，时间对纳兰容若并未奏效。

无数个寂寞深夜里，他褪下了一身威武的装扮，又成为那个多情的词人，望着满屋的诗书发呆。

而任他的烦恼肆意蔓延，却再也没有温柔的卢氏给他带来慰藉。

人生中剩下这些悲伤忧愁的果子，他只能自己品尝。

长夜漫漫，唯有孤灯相伴。思念与愁绪，填满黑夜。

醒来后，洗去泪痕，他仍然要恪尽职守地扮演好一个成年人，一个英姿飒爽，众人艳羡的皇家侍卫。

侍卫是众人眼中的美差，却并不轻松。纳兰容若每日忙碌于各种差事，恪尽职守。他并不畏惧辛苦，却始终无法在这些日常的事务中找到一丝幸福感。

保卫皇帝的安危，陪伴皇帝狩猎。本该挥斥方遒逐梦的年华被这些琐碎的事情填满。曾经的抱负和期盼如今都成为梦幻，在现实里无奈坠落。

在容若的一首诗作中，可见他心中的哀愁。

朔风吹古柳，时序忽代续。庭草萎已尽，顾视白日速。

吾本落拓人，无为自拘束。倜傥寄天地，樊笼非所欲。

嗟载华亭鹤，荣名反以辱。有客叹二毛，操觚序金谷。

酒空人尽去，聚散何局促。揽衣起长歌，明月皎如玉。

——纳兰容若《拟古》

他对自由的渴望，他内心里的荒芜，眼前人生的无奈，都在这一首诗中尽情地宣泄出来。

“倜傥寄天地，樊笼非所欲。”二十几岁的年纪，却满心疲惫，他竟然想到了归隐。

除了在创作中宣泄，别无他法，华亭鹤唳都是回不去的曾经。最终，只能饮尽悲愁，长歌月下。

人生一梦，孤独深处的一抹温柔

携知己，畅游人间

多情词人，名门贵公子，御前侍卫……其实每一种身份，都可以活出各自的潇洒。可当这三种身份集中于同一个人的身上，却注定是一场禁锢与撕扯。

幸与不幸之间，无法定论，每个人都有不同的答案。

痴男怨女的自由里，有爱情。文人的自由里，有自我。

自由，是一种极致的诱惑。自由，也意味着一种挣脱。

词人纳兰容若渴望挣脱的是仕途功名、相府高门，这也是很多人的求而不得。

只有沉浸在诗词的世界里时，纳兰容若才感觉到自己真实地活着。哪怕这种活着的感觉，是痛彻心扉。

自妻子卢氏离世后，纳兰容若写尽了悼亡词，有 50 余首之多。

一篇篇词作，充满了思念和痛苦，恣肆于笔端。

后来，他想要把这些词结集成册，便给这词作起名《饮水词》。“如人饮水，冷暖自知”。经过生死离别的纳兰容若，已经深深地体会过其中滋味。

编撰词集的工作极为烦琐，而容若事务繁忙，只能将其托付于好友顾贞观。于是，顾贞观带着纳兰容若的词稿南下，希望能够寻找一位名士来为此词集作序。

听闻扬州有一位名士，名为吴绮，“思时候，忆时候，时与春相凑。把酒祝东风，种出双红豆”被广为传诵，也因此被称为“红豆词人”。

吴绮多才，能写诗词，也能创作戏曲，又很擅长写骈文。他的骈文，有李商隐的风韵，广受赞誉。

顾贞观慕名而来，颇费了一番周折，才求到一篇序。

一编《侧帽》，旗亭竞拜双鬟；千里交襟，乐府唯推只手。吟哦送日，已教刻遍琅玕；把玩忘年，行且装之玳瑁矣。

迩因梁汾顾子，高怀远询《停云》；再得容若成君，新制仍名《饮水》。披函书读，吐异气于龙宾；和墨晨书，缀灵葩于虎仆。香非兰茝，经三日而难名；色似蒲桃，杂五纹而奚辨。汉宫金粉，不增飞燕之妍；洛水烟波，难写惊鸿之丽。

盖进而益密，冷暖只在自知；而闻者咸歔，哀乐浑忘所主。谁能为是，辄唤奈何。

则以成子姿本神仙，虽无妨于富贵；而身游廊庙，恒自托于江湖。故语必超超，言皆奕奕。

水非可尽，得字成澜；花本无言，闻声若笑。时时夜月，镜照眼而益以照心；处处斜阳，帘隔形而不能隔影。才由骨俊，疑前身或是青莲；思自胎深，想竟体俱成红豆也。

嗟乎！非慧男子，不能善愁；唯古诗人，乃云可怨。公言性吾独言情，多读书必先读曲。江南肠断之句，解唱者唯贺方回；堂东弹泪之诗，能言者必李商隐耳。

菌次吴绮序于林蕙堂。

吴绮的文章，秀逸优美。他是细细地咀嚼过纳兰容若的爱与悲，才酝酿了这一片华美。

大悲之上，绽放生命的色彩。这是文人之间的情感高歌。

用最无声的音符，谱出最动人的弦音，唯有知己懂得。

手捧着文稿，顾贞观在品读之间，早已沉浸其中，在饱满的情感里沉浮。尤其是读到“非慧男子，不能善愁；唯古诗人，乃云可怨”

这一句，轻轻地推开了他情感的闸门，万般思绪回荡，反复撞击着他的心。《饮水词》便又拥有了一篇序言。

非文人不能多情，非才子不能善怨。

《骚》《雅》之作，怨而能善，惟其情之所钟为独多也。容若天资超逸，翛然尘外。所为乐府小令，婉丽凄清使读者哀乐不知所主。如听中宵梵呗，先凄婉而后喜悦。定其前身，此岂寻常文人所能得到者？昔汾水秋雁之篇，三郎击节，谓巨山为才子。红豆相思，岂必生南国哉？

荪友谓余，盍取其词尽付剞劂。因与吴君蘭次共为订定，俾流传于世云。

同学顾贞观识。时康熙戊午又三月上巳，书于吴趋客舍。

纳兰容若的才学与深情有目共睹，欣赏他的人很多，懂他的人寥寥无几，但顾贞观一定算得上一个。

在两篇序言的引领下，《饮水词》结集成册，流入了千家万户。

三百多年的时光倏地划过，诗词如舟，承载着当年的故事，柔柔地划过岁月，流淌到我们心底。

时间无情，从未顾忌世间悲欢，匆匆流淌。

但时间的无情，也是最大的仁善。因为它从未停歇，我们才拥有未来，到达远方。

康熙十七年，清王朝平定三藩已经取得了决定性的胜利。靖南王耿精忠、平南王尚可喜先行归顺，平西王吴三桂也已是穷途末路。最终的胜利，只是时间问题。

励精图治的康熙皇帝开始筹划着如何广纳人才，巩固皇权。一纸诏书，皇帝下令增设“博学宏词科”，用举荐与考试相结合的方式选拔人才。由它的名字可以看出所选拔的人才必须具有这两个特点：一是渊博精深的学识，二是优美恢宏的文辞。

“博学宏词科”源于唐玄宗年间，确实选拔了不少人才，如著名的宰相陆贽、裴度，文学家刘禹锡、柳宗元等。在宋代以后逐渐被冷落，它属于一种制科，必须皇帝下诏才举行。

康熙皇帝此举是一种怀柔策略，为的是笼络前朝遗老名士，希望其归顺朝廷，并为己所用。

康熙十八年，博学宏词科正式开考，天下名士皆聚集京城。

帝王的政治，纳兰容若并不关心，但这政令给他带来了喜悦。因为这样的契机，容若得以与好友们相聚。朱彝尊、秦松龄、严绳孙、陈维崧、姜宸英……这些名士纷纷到来。

功名前程淡如风，友情却有千钧重。纳兰容若一生重情，他珍惜每一位朋友，但凡结交，必会真诚相待。

他的人生蓝图，便是与好友相伴篱下，对酒当歌，畅谈诗文。

在妻子去世后，纳兰容若一直沉浸于悲伤中。好友的到来，给他的生活添了几分难得的欢愉。

于是，渌水亭内，草木不再寂寥。来自天南地北的名士聚集在一起，填词作诗，畅谈人生，热闹非凡。

在与这些好友相聚的日子里，纳兰容若忧郁的眼眸中有了神采。他沉寂苦闷的人生，又生动起来。有许多词作，都记录着当时的情景。

出郭寻春春已阑（陈维崧），东风吹面不成寒（秦松龄），青村几曲到西山（严绳孙）。　　并马未须愁路远（姜宸英），看花且莫放杯闲（朱彝尊），人生别易会常难（纳兰容若）。

——《浣溪沙·郊游联句》

同一幅画面，每人勾勒一笔，有春意阑珊，有诗意画卷，有旷达豪情……也有人生的真谛。整首词行云流水，余韵悠长，也记录了他们珍贵的相聚时光。

每人一句，联结成篇，这是文人之间的游戏。需要才情，也需要彼此懂得。

晋宋时已有不少人作诗用“联句”，今存陶渊明、鲍照、谢朓等人诗作中均有此种形式。不过，文人间的游戏不止于此，有时候他们会设定一个规则，在规定时间内创作诗词。有时候是限定韵脚，有时候是限定场景，有时候用姓名作诗。

纳兰容若在《渌水亭宴集诗序》中曾记载道，“当为刻烛，请各赋诗。宁拘五字七言，不论长篇短制”，写的就是把蜡烛刻度，以此为限，各自赋诗的场景。

三五知己，诗词相伴，游戏人间。在这样的时光里，纳兰容若又成为那个潇洒的词人。

这场景，风雅惬意，也似曾相识。东晋永和九年，王羲之与谢安、孙绰等数十位名流雅士相聚于兰亭修禊事，流觞曲水，饮酒赋诗。

王羲之为他们的诗写的序文手稿，记叙了兰亭周围的美丽山水和朋友相聚的欢愉情景。

夫人之相与，俯仰一世，或取诸怀抱，悟言一室之内；或因寄所托，放浪形骸之外。虽趣舍万殊，静躁不同，当其欣于所遇，暂得于己，快然自足，不知老之将至。及其所之既倦，情随事迁，感慨系之矣。向之所欣，俯仰之间，已为陈迹，犹不能不以之兴怀。况修短随化，终期于尽。古人云："死生亦大矣。"岂不痛哉！

——王羲之《兰亭序》节选

诗酒相伴，吟诗作对。他们尽情地描绘着心底的情感，任心灵自由飞翔。

醉心名利的人，永远无法懂得其中的乐趣。

王羲之曾记录的这一番盛景，成了许多文人的向往。当年的纳兰容若，也一定曾沉浸在兰亭那段雅事中。所以，当众多好友集结于渌水亭时，他终于酣畅淋漓地品尝了这种乐趣。

有生之年，相遇相知。纵然我们终要转身离去，但曾有纵情欢歌，曾有诗酒相伴。此生无憾！

诗文言愁，对月饮酒

没体会过失落的滋味，不足以谈人生。

博学宏词科在京城开考，不久便发榜公示。纳兰容若的诸多好友都被录取，姜宸英却名落孙山。

姜宸英，字西溟，号湛园，慈溪人，出生于明崇祯元年。姜宸英是个布衣文人，向来自恃才华，落拓不羁，嬉笑怒骂。与纳兰容若相识的时候，他已经 46 岁。

因为知道纳兰容若很喜欢结交文人，徐乾学便把姜宸英介绍给了容若。起初，姜宸英听到过纳兰容若的名字，知道他是位翩翩贵公子，但并没有过多在意。

自从相识后，纳兰容若对待他始终是谦恭有礼，这让姜宸英对这位年轻的后生刮目相看，深入交谈后，更是萌生了知己情谊，惺惺相惜。

彼时的姜宸英历尽坎坷，他满腹才学，精通史学和书法，一直都怀有进取之心，却屡试不中。对科举的向往，已经变成了一种执念。好不容易得到考博学宏词科的机会，却还是未能得中。好友们纷纷入仕，他只能一声叹息。

见姜宸英情绪低落，纳兰容若分外惦念，又特作词一首，前去安慰。

何事添凄咽？但由他、天公簸弄，莫教磨涅。失意每多如意少，终古几人称屈。须知道、福因才折。独卧藜床看北斗，背高城、玉笛吹成血。听谯鼓，二更彻。　　丈夫未肯因人热，且乘闲、五湖料理，扁舟一叶。泪似秋霖挥不尽，洒向野田黄蝶。须不羡、承明班列，马迹车尘忙未了，任西风、吹冷长安月。又萧寺，花如雪。

——纳兰容若《金缕曲·慰西溟》

得失是命运的常态，又何苦为难自己。苦闷拯救不了困顿的现状，却很可能折了人的福气和运势。

人生通往光明的路，并不止仕途一条。就算是仕途不顺，也仍旧可以拥有快意的人生。不如学习范蠡畅游五湖，闲隐世间。纵然泪入秋雨，也应该洒向知己。这样的人间，才值得。

再看这繁华的京城，熙熙攘攘的人群永远在忙着追逐名利。位列朝堂的人，又有多少人能壮志得酬。

人生中的得与失，也许并不是我们想象的滋味。失去，又何尝不是一种获得。失去了功名，拥有自由，换个角度看人生，是另一番独特的风景。

纳兰容若的劝慰和开解，让姜宸英有了些许释怀。同时，在姜宸英生活窘困时，容若也及时地伸出了援手，帮他解决生计问题，让他借住在纳兰府上。

纳兰容若的父亲也十分认可姜宸英的才学，只是姜宸英性情狂傲，明珠思忖之后，没有将这枚危险的棋子，放入自己的棋盘。

违背自己的性情去追求功名，这的确是姜宸英无法做到的。后来，姜宸英的母亲过世，纳兰容若再一次伸出援手，资助姜宸英回归故里慈溪奔丧，并作了《金缕曲·姜西溟言别赋此赠之》和《潇湘雨·送西溟归慈溪》两首词。

词中浸透着对好友的劝慰和惜别之情。《潇湘雨·送西溟归慈溪》中的“廿载江南犹落拓，叹一人、知己终难觅。君须爱酒能诗，鉴湖无恙，一蓑一笠”两句，有叹息，也有祝福。

盛名江南二十载，你始终落落寡合。人生知己难寻，愿别后，你能纵情诗酒，潇洒不羁，江上垂钓，不负光阴。

京城里的贵公子，江南的布衣老愤青，命运将他们相连，曾有岁月，填满了这段独特的友谊。

回到南方后，姜宸英给纳兰容若写了封信《与成容若》：

吾兄少都华胄，希风望泽者骈肩接足，乃独轸念贫交，施及存殁，使藐然之孤，虽不得尽奉养于生前，犹得慰所生于地下，而免于不孝之诛者，此仁人君子之用心。特其身受感激而不知所以图报之方，亦惟有中心藏之而已。

信中的他，仍是桀骜，却也真挚地道出了对纳兰容若的感激之情。

在精神上安慰，在生活上帮扶。足以见得，容若对待好友，一片赤诚。

知己情谊，如同老酒，浓烈而温暖，慰藉了姜宸英失意的人生。只可惜，孤舟蓑笠翁是容若的理想，而姜宸英仍旧无法彻底放下功名之心。

康熙三十六年，姜宸英得中进士，在殿试中还得了第三名，被康熙授予翰林院编修。而彼时，他已是一位白发苍苍的七旬老翁了。

历经十八年风雨，他终于到达了向往的彼岸。

只是，彼岸不是绽放理想的花丛，而是弱肉强食的残酷丛林。姜宸英高中仅两年后，就因顺天乡试案被牵连，在狱中自杀。

彼时在狱中的姜宸英，再度想起容若那首《金缕曲·慰西溟》，一定是别有一番感慨。

他一生追逐功名，经历坎坷。高中进士，入朝为官，却蒙冤入狱。这又何尝不是命运的一种讽刺。

尽管最终康熙皇帝查明了真相，还了他清白，可姜宸英没有等到那一天，这个向来孤傲的人，以决绝的方式告别了世界。

死前自拟挽联：

这回算吃亏受罪，只因入了孔氏牢门，坐冷板凳，作老猢狲，只说是限期弗满，竟挨到头童齿豁，两袖俱空，书呆子何足算也；此去却喜地欢天，必须假得孟婆村道，赏剑树花，观刀山瀑，方可称眼界别开，和这些酒鬼诗魔，一堂常聚，南面王以加之耳。

他在这尘世吃了亏，蒙了冤屈，两袖空空，那便去到另一个世界，赏剑树花，观刀山瀑，和这些酒鬼诗魔，相聚一堂。

生死不过一门之隔，而无论身处何地，他仍旧洒脱。

而当他留在这个世界的最后一刻，回顾此生悲欢沉浮，一定有这样一幅画面：

渌水亭上，青云碧空，草木葱郁。三五好友，饮酒作词，畅谈诗书，畅谈理想。

这一生盛满悲喜，他曾热烈追逐过，被世界冷遇过，又被知己温暖过，无憾。

康熙十八年，送别成了那年秋天的主题。除了送走归乡奔丧的姜宸英，纳兰容若还送走了前去赴任江华县令的张见阳。

张见阳字子安，名纯修，号见阳。他的才艺超群，书画诗文俱佳。清代绘画著述《国朝画识》称其“性温厚博雅，画得北苑南宫之沉郁，兼云林之飘淡，尤妙临摹，盖其收藏颇多，故能得前人笔意。书宗晋唐，更善图章”。虽然他传世的作品不多，却广受赞誉。

纳兰容若与张见阳相识，源于二人的共同好友曹寅的引荐。

曹寅正是写下了《红楼梦》的作者曹雪芹的祖父。在相识结交的过程中，两人发现彼此志趣相投，便结为了异姓兄弟，在纳兰容若去世后，张见阳为其整理诗词遗作，刊刻成《饮水诗词集》。他在序言中就提到了“容若与余为异姓昆弟，其生平有死生之友曰顾梁汾”，证实了二人曾经结为异姓兄弟的情谊。

在容若的词中，我们也可以寻觅到一些张见阳的影子。

车尘马迹纷如织，羡君筑处真幽僻。柿叶一林红，萧萧四面风。　　功名应看镜，明月秋河影。安得此山间，与君高卧闲。

——纳兰容若《菩萨蛮·过张见阳山居赋赠》

赋这首词时，张见阳正在京中西山一带过着隐居的生活。

纳兰容若生于富贵之家，人生中所见的皆是车马喧嚣的繁华盛景。当他看到幽居于山间的张见阳时，不由自主地心生羡慕。那山中，柿子树叶被霜寒染红。风萧萧穿行于山林之间，幽深静雅。这眼前的风景，有动有静，美不胜收。

这世间功名利禄诱人，有人因此而欢喜，有人因此而失意。忙忙碌碌一生，无论得失，都少不了叹息。倒不如放逐自我，在山中隐居，高枕而卧，尽享这人生的闲适和自由。

康熙十八年秋天，愿景停留在了诗里，张见阳走入宦海，赴任江华县令。纳兰容若以词相送。

愁绝行人天易暮，行向鹧鸪声里住。渺渺洞庭波，木叶下，楚天何处。　　折残杨柳应无数，趁离亭笛声吹度。有几个征鸿，相伴也、送君南去。

——纳兰容若《菊花新·用韵送张见阳令江华》

江华地处湖南，是一个遥远又陌生的城市。当时刚刚平定三藩之乱，局势复杂。张见阳这一去，不知何时能再聚首。

这大好的人生，为什么总要写尽离别。如今，它就在眼前发生。张见阳远去湖南，在萧萧木叶之下，走入了不可预知的人生。

折了杨柳无数，仍是不忍道一句珍重。可离别最终上演，彼此成了落日远影。唯愿鸿雁相伴，送你一程。

前路漫漫，愿你平安。

相聚，离别。渌水亭又恢复了往日的萧疏。

博学宏词科考试过后，朱彝尊、陈维崧、秦松龄、严绳孙等好友都被安排参与《明史》的编修。姜宸英南归奔丧，张见阳远走江华赴任。

纳兰容若的生活，又归于寂寥。他只有默默回忆，聊以遣怀。或思念妻子，或惦念好友。

多少次，他独上高楼，对月而吟。他无心名利，却被紧紧地围困其中。他诉尽了哀愁，却没能得到回应。

翩翩公子，于月下，遗世独立，不染尘埃。

他的心声，你听到了吗？

满肠愁情结成落寞

世事如谜，你在时间里拆开了谜题，却不一定能得到渴望的答案。

康熙十九年，纳兰容若二十六岁，妻子已经离世三载。三年，他的思念汹涌成海，从心口奔涌而出，却从未枯竭。可作为纳兰家族的长子，他有逃不开的家族责任。续弦，是注定的事情。

父母为他挑选了续弦的妻子，瓜尔佳家族的官氏。她的祖父费英东是开国元勋，骁勇善战。她的父亲是朴尔普，曾被封为一等公。这样的身世背景，与纳兰容若无疑是门当户对的。这样的结合，无疑又是一次家族间的强强联姻。

纳兰府上，又一次张灯结彩。父母尽心操办，为他续写了一段婚姻，却无法续写他的爱情。

短短三年的回忆，结成了一张坚韧的情网。纳兰容若深陷其中，甜蜜也好，痛苦也罢。它已经盘结在了他的心中，此生再无法挣脱。

纳兰府中热闹欢喜，即将再度娶妻的纳兰容若，却像是一个看热闹的人。

他看到了别人的喜悦，却在眼中渗出了孤独。看着大红灯笼挂起，纳兰容若又想起了卢氏。

> 此恨何时已？滴空阶、寒更雨歇，葬花天气。三载悠悠魂梦杳，是梦久应醒矣。料也觉、人间无味。不及夜台尘土隔，冷清清、一片埋愁地。钗钿约，竟抛弃。　　重泉若有双鱼寄。好知他、年来苦乐，与谁相倚。我自中宵成转侧，忍听湘弦重理。待结个、他生知己。还怕两人俱薄命，再缘悭、剩月零风里。清泪尽，纸灰起。
>
> ——纳兰容若《金缕曲·亡妇忌日有感》

转眼间三年已逝，往事历历在目，从未淡去。

“此恨何时已？”此乃化用李之仪《卜算子》词“此水几时休，此恨何时已”成句，开头一句，直抒绵绵哀思。

爱妻离世三载，犹如一场大梦。

梦中，他们幸福相伴，醒来后，他孤独行走在人间。这样的人间已然无味，失去了所有的华彩。

卢氏带走了这个世界的全部温度，“清泪尽，纸灰起”，处处皆是凄凉。

或许，纳兰容若也曾想过要重新开始生活。可当这样的念头燃起，便被汹涌的悲伤打湿。

他所有关于感情的思绪，都与卢氏紧紧相连。今生已经无缘相守，只能幻想于与香魂通信，愿来生仍可相爱相守，却害怕薄命，人鬼殊途。

在此，诗词打开了纳兰容若情感的闸门，字字深情，力透纸背。

这样的深情，令人感动。顾贞观在读到这首词的时候，深有感触，于是和了一首《金缕曲·好梦而今已》。这首词与纳兰容若的《金缕曲·亡妇忌日有感》同调、同题、同韵。

可这首词作一出，却让顾贞观饱受质疑。认为他随便谈及他人的闺阁之事，轻浮且唐突。但顾贞观并不在乎这些声音，他懂得好友的深情与哀伤。

他只想告诉心境沉郁的纳兰容若，他并不孤独。

因为深情，所以疏离。纳兰容若已经无法给予官氏爱的温情。

纳兰容若深爱卢氏，卢氏长眠黄土，他们只能阴阳两隔。官氏渴望爱情，纳兰容若近在咫尺，她却爱而不得。

同样是求而不得，又孰近孰远?

官氏是纳兰府明媒正娶的夫人，也是一个渴望爱与被爱的女子。可是，丈夫的心早已被填满，不会再有她的位置。

她在一片欢喜和祝福中走入了纳兰府，却注定走不进纳兰容若的心里。

相敬如宾，又何尝不是一种寂寞。

官氏欣赏纳兰容若的才情，她也读了不少容若的诗词，渴望了解他的内心。可是，读得越多，她反而越发无望。她在《四时无题诗》里读到了容若与卢氏曾经欢喜幸福的样子，在《金缕曲》中读到了容若对卢氏肝肠寸断的思念。

卢氏只给了容若三年的回忆，如今容若又思念了她三年。可官氏却越发明白，她这一生，永远赢不了那回不去的三年。

也许迟来一步，就错过了一生。又或许，他们本就不该相遇。

这就是命运，残酷，也无奈。但它也会推着人，一直向前。

在命运的推动下，纳兰容若的人生在忙碌和平静中划向了康熙二十年。这一年二月，他的好友秦松龄、朱彝尊、严绳孙等人成为起居注官。六月时，秦松龄成为江西乡试正考官。七月时，严绳孙成为山西乡试的正考官，朱彝尊成为江南乡试的副考官。看着才华横溢的好友们各有发展，纳兰容若十分欣慰。同时，这个七月里，也发生了一件悲伤的事。

顾贞观的母亲在家乡去世了，他将要回去为母亲守孝三年。

守孝是中国的传统礼法，《论语》中说：“君子务本，本立而道生，孝悌也者，其为仁之本也。”依照古代礼法，父母离世，需要守孝三年。这三年里，不行婚嫁之事，不预吉庆之典，任官者须停职返乡居丧，即“丁忧”。停止一切娱乐和交际活动，以示哀悼。

林语堂撰写《苏东坡传》时，就记载了苏东坡人生中两次辞官回家为父母守孝的事情。两次守孝共六载，当他最后一次回归任职，朝廷的局势已经发生了巨大的变化，最后他请命奔赴杭州，投身于另一种人生。

诗人陆游第一次参加科举考试并未高中，后来赶上了父亲去世，回乡守孝，十年后，才参加了他人生中的第二次科举考试。

守孝是传统，但不可否认的是，这三年足以改变一个人的命运走向。

一面是母亲离去的悲伤，一面是三年后未可知的茫然。顾贞观当时的心境，无疑是一片悲凉。

挚友的伤痛，纳兰容若早已记挂于心。他一面慷慨解囊资助好友回乡，一面又赋诗为好友送行。

西窗凉雨过，一灯乍明灭。
沉忧从中来，绵绵不可绝。
如何此际心，更当与君别。
南北三千里，同心不得说。
秋风吹蓼花，清泪忽成血。

——纳兰容若《送梁汾》

这首诗是灰色的，因为浸透了浓重的悲伤。纳兰容若与顾贞观感情深厚，对挚友的离去依依不舍，但他也深深懂得挚友丧母的悲伤。

有时候，面对汹涌而来的悲伤，懂得比劝慰更温暖。

诗词是他们彼此最珍视的东西，也是他们的表达方式。所以在送别时，纳兰容若从未吝惜笔墨，除了诗，还作了词。

握手西风泪不干，年来多在别离间。遥知独听灯前雨，转忆同看雪后山。　凭寄语，劝加餐。桂花时节约重还。分明小像沉香缕，一片伤心欲画难。

——纳兰容若《于中好·送梁汾南还为题小影》

这几年，离别成了纳兰容若生命中的一部分。作为御前侍卫，他常常护驾出巡，先后随从皇帝巡幸巩华城、遵化、雄县等地。可这一次离别，却仍是让他心生悲伤。

他料想，分别后好友也许会“独听灯前雨”，勾勒出了好友的孤独。而这何尝又不是他的孤独。所谓知己大概便是，因为我们思想同频，情感同频，我懂了自己，也就懂了你。

回忆是寂寞的解药，纳兰容若才会说“转忆同看雪后山”。两人雪后初晴，携手同游，共赏一山银装的画面历历在目，那时那刻的风景已经回不去了，但它就在我们心中。

词的最后一句，“一片伤心欲画难”，化自唐代高蟾诗《金陵晚望》中的“一片伤心画不成”。难以描摹的悲伤才更悲伤，足以见得纳兰容若当时的心境。

不舍、无奈、担忧……各种各样复杂的情绪萦绕容若心中，落墨纸上，又在文字间弥散开来。

情感喷薄而出，一首词难以道尽离情，纳兰容若又作词一首。无须冥思苦想，只需让文字追逐心迹。

盼银河迢递，惊入夜，转清商。乍西园蝴蝶，轻翻麝粉，暗惹蜂黄。炎凉。等闲瞥眼，甚丝丝、点点搅柔肠。应是登临送客，别离滋味重尝。　　疑将。水墨画疏窗，孤影淡潇湘。倩一叶高梧，半条残烛，做尽商量。荷裳。被风暗剪，问今宵、谁与盖鸳鸯。从此羁愁万叠，梦回分付啼螀。

——纳兰容若《木兰花慢·立秋夜雨，送梁汾南行》

送别本就充满了惆怅，又逢“立秋”“夜雨”，悲伤的愁绪也变得更加浓稠，也成了整首词的核心。

词的上阕，写的是眼前。盼望着银河出现，却偏偏下起了秋雨，寒了整个秋夜。花园里的蜂蝶纷纷飞起，躲避。这本是寻常的天气，却因为离别变得悲凄而惆怅。

词的下阕，写的是寄托。秋雨洒落窗间，雨痕划过，犹如水墨画卷。他祈求梧桐和残烛，可否能细细地商量一番，不要再为离人增添愁绪。可明明这一切已入了词人的眼，祈求，反而更添愁情。池塘里的荷叶，已被秋风吹残，今夜，又有谁能够替它为鸳鸯遮风挡雨。

满怀愁情的人，满眼都是惆怅的风景。他想到好友将要上路远行，此番舟车劳顿，梦醒时却只有寒蝉声声。

为什么顾贞观的离去让纳兰容若如此愁绪满怀，说到底，还是因为他们彼此间的情谊深厚。多年后纳兰容若离世，顾贞观在为他撰写的祭文中曾写到他们的关系，“兹十年之中，聚而散，散而复聚，无一日不相忆，无一事不相体，无一念不相注。”

千言万语，无法阻挡离别。眼前是短暂的分离，此后是永远的告别。而面对离别，我们只能带着回忆，四散天涯。

与世界背道而驰

生命总是写满聚散，这一年顾贞观回乡丁忧，吴兆骞获释从塞外归来抵达京城。

吴兆骞的归来，对顾贞观和其他好友来说，是一件值得欣慰的喜事。

徐乾学赋诗《喜吴汉槎南还》，此后，这首诗也引来了如徐元文、陈维崧、王士祯等近百人唱和。

康熙二十一年正月十五，渌水亭文士云集，诗情荡漾。吴兆骞、朱彝尊、陈维崧、严绳孙、姜宸英等人相聚一堂，吟诗欢宴。

这场宴会的主角是吴兆骞。彼时他已年过五旬，两鬓斑白，面容憔悴。岁月带走了他的风华，不复当年轻狂模样，但他骨子里的文人风雅依旧。

上一代的文人在岁月里落幕，新一代的文人在舞台上声名鹊起。在新与旧的更替中，文化的魂，实现了传承与不朽。只是，彼时诗词创作的继承者寥寥无几。纳兰容若扛起了旗帜，用短暂的生命尽力绽放，绚烂了清词的天空。

生命行至哪里，诗词就绽放在哪里。

那一天的宴会上，诗酒交融，文人墨客乐享其中。感慨于吴兆骞的经历，纳兰容若以词寄情。

须知名士倾城，一般易到伤心处。柯亭响绝，四弦才断，恶风吹去。万里他乡，非生非死，此身良苦。对黄沙白草，呜呜卷叶，平生恨、从头谱。　　应是瑶台伴侣，只多了、毡裘夫妇。严寒觱篥，几行乡泪，应声如雨。尺幅重披，玉颜千载，依然无主。怪人间厚福，天公尽付，痴儿騃女。

——纳兰容若《水龙吟·题文姬图》

这阕《水龙吟》是纳兰容若长调中的佳作。词中，我们看见了才女蔡文姬悲苦坎坷的一生，而这又何尝不是吴兆骞的一生。词中以蔡文姬的一生为脉络，夹叙夹议，转折起伏间行云流水。

一开篇，就是一段沉浸式的体验。

柯亭笛响已经息止，精通音律的才华也已经断绝，因为战乱，蔡文姬远离故土，被掳往胡地，历尽了人生的苦难。她用卷曲的叶子，吹出了此生愁怨。

这一生，她本该在故土成为一位汉家的贵妇，可偏偏造化弄人，她成为胡人的妻子。塞北的寒风凛冽，她思念的泪如同雨水般连绵不绝。

再看那《文姬图》，纵然千年已过，她的容颜依旧美艳如初，却是孑然一身。命运总是如此的无奈，把人间厚福，都错付了庸碌之人。

寥寥数语，蔡文姬的悲苦力透纸背，同样也暗喻了吴兆骞半世坎坷。

一个不幸的诱因，揭开一段充满悲伤的故事，背井离乡，远赴塞外。面对疾风，他们无数次面对家的方向，流下思念的泪。这样的生活，吴兆骞过了二十余年。

二十年，沧海微尘，可人生又有几个二十年。

文学是灵魂的共振，好的词人，要有敏感入微的共情力。

以灵魂创作的纳兰容若，无愧是一位优秀的词人。

那一日，宴席上，纳兰容若的词作一出，好友们赞叹不已。没有半分恭维，只是因为懂得，因为惊艳。

共享诗词，才是他们真正的盛宴。

聚散是人生的常态，上元夜的宴席最终散去。短暂的交集后，每个人都回归自己的轨迹，各自沉浮。而纳兰容若，又回归了孤独。

世界纷纷扰扰，孤独是他的房子。让他尝尽了寂寞，也守护了他的纯真。

当生活再度归于平静，纳兰容若投身于忙碌的侍卫公务中，他的灵魂则沉浸在无尽的思念中。思念故去的妻子，思念身在他乡的朋友。

思念妻子时，他写下一篇又一篇悼亡词。思念朋友时，除了写词，他还可以寄信。

朋友之中，纳兰容若最为惦记的要数好友顾贞观。此时的顾贞观，正在无锡家中为母亲守孝。每当思念好友，纳兰容若总是在渌水亭的诗词画作里，寻找顾贞观的影子。

顾贞观曾经因为频频出入渌水亭，与纳兰容若交好，惹来了不少非议。

布衣文人与贵公子结交，自然就是趋炎附势，攀附权贵，这是世俗的逻辑。而怀有一颗世俗的心，自然也就无法看到两个惺惺相惜的灵魂。

顾贞观曾说过："君自见其朱门，贫道如游蓬户。"这一句出自

《世说新语》，竺法深成了简文帝的座上客，刘尹问："道人何以游朱门？"答曰："君自见其朱门，贫道如游蓬户。"

其中意思，一眼明了。在世人眼中，纳兰容若是豪门贵公子，出身高宅大户。但在顾贞观的眼中，高门与蓬户别无二致。

回忆起这段往事，纳兰容若有了一个想法，他想在渌水亭畔找一个合适的位置，为好友搭建一座茅屋。待好友守孝归来，便以此作为礼物，此后也可以与好友朝夕相伴。

经过了很长一段时间的筹备，纳兰容若终于将茅屋建成。繁华的纳兰府上的某处，坐落着一个茅屋。在那里，容若找到了一种归隐田园的自由。

茅屋建成，容若心中无限感慨，有对过往的怀念，也有对未来的期待。他又先后作了一首词和一首诗。

问我何心，却构此、三楹茅屋。可学得、海鸥无事，闲飞闲宿。百感都随流水去，一身还被浮名束。误东风、迟日杏花天，红牙曲。　　尘土梦，蕉中鹿。翻覆手，看棋局。且耽闲殢酒，消他薄福。雪后谁遮檐角翠，雨余好种墙阴绿。有些些、欲说向寒宵，西窗烛。

——纳兰容若《满江红·茅屋新成，却赋》

这首词，重在言志。为什么要建造这几间茅屋？为的是，可以像那天边的海鸥，可以自由自在地翱翔。

尘世繁华，功名利禄，俘虏了欲望与肉身。而纳兰容若明确了自己的志向，他渴望抛却浮名，获得自由的释放，在烂漫的春天里赏花歌舞。

只是，世事如梦，变幻无常，亦不可能事事遂愿。经历过人生的起起落落后，他才明白，无可奈何已然成为人生的常态。还不如，冷眼旁观，与友人把酒言欢，看雪赏雨，西窗剪烛。

就如同当代人听歌，把情绪都释放在了音乐中。在词中，纳兰容若将世事无常都藏在了故事里。

“尘土梦，蕉中鹿”指的是《列子》中的一则故事。郑国有位砍柴人，在砍柴的途中阴差阳错杀掉了一只肥硕的鹿。但是鹿太大了，他带不走，便用芭蕉叶将鹿遮盖藏好，以免被人发现。可后来他想回来取鹿的时候，却忘记了藏鹿的地方，便以为这是一场梦。他先是尝到了意外得鹿的欣喜，又体会了恍然一梦的失落。似乎一切都没发生，却经历了一场人生的无常。

那为功名奔波的人，在命运中起起落落，又何尝不是大梦一场。

一个阅历尚浅的年轻人，把世事早已看得通透。是天性，也是天命。

在作了一首词后，容若又赋诗一首。

三年此离别，作客滞何方？
随意一尊酒，殷勤看夕阳。
世谁容皎洁，天特任疏狂。
聚首羡麋鹿，为君构草堂。

——纳兰容若《寄梁汾并葺茅屋以招之》

顾贞观离开已经有三年之久，他虽是归乡为母守孝，但纳兰容若却发问“作客滞何方？”言外之意表明，北京才是顾贞观的故乡，才是他的心安之处。

因为在这里，有他的知己好友，如今又有了这样新建成的茅屋。在他所期待的未来里，他与好友一同在夕阳下把酒言欢。

诗中的“麋鹿”一语出自苏轼《前赤壁赋》“侣鱼虾而友麋鹿”，纳兰容若之意显而易见。他渴望与好友能够一起“抱影林泉”，陶醉于自然的美景中。

容若建茅屋，作词赋诗，这一切都是为了等待顾贞观的归来。

被富贵功名所缚的孤独人生里，知己于他而言，是何等的珍贵。

每个人来到这个世界，都有两条路要走。一条路，通往繁华世界，有灿烂，有沉浮。一条路，通往内心深处，有寂寞，也有万丈红尘。

伴随皇帝左右，容若经常随驾巡游，他的脚步越走越远。可他的心，却越发寂寥。他把闲暇时间都交给了朋友，和朋友们作词赋诗，畅谈诗词文学。一场场宴会聚了又散，好不容易享受到一点相聚的温度，却转瞬冷却。

曾经的满腔向往，撞到了现实的墙。在觥筹交错的欢宴之余，洒落了一地的失意。

北岛曾说："那时我们有梦，关于文学，关于爱情，关于穿越世界的旅行。如今我们深夜饮酒，杯子碰在一起，都是梦碎的声音。"

有些痛苦和遗憾，在灵魂深处生了根，也许，此生都难以治愈。

纳兰容若跟随皇帝，一路跋涉，受风尘洗礼。虽然一路疲惫，但也见识了一路风光。

别致的风景，满怀的感慨，投射到词人的心上，一转眼，就融化成了美丽的诗词。

山一程，水一程。身向榆关那畔行。夜深千帐灯。

风一更，雪一更。聒碎乡心梦不成。故园无此声。

——纳兰容若《长相思·山一程》

今古河山无定据。画角声中，牧马频来去。满目荒凉谁可语？西风吹老丹枫树。　　从前幽怨应无数，铁马金戈，青冢黄昏路。一往情深深几许？深山夕照深秋雨。

——纳兰容若《蝶恋花·出塞》

出关时冰雪未消，千山万水的路途上，一切都是如此的荒芜。这对于生于关内，长于京城的纳兰容若来说，是巨大的视觉撞击和心理撞击。眼前的一切，是无限的荒凉和寂寞，思念之情也慢慢爬上了心头。

这两首词，都是纳兰容若的所见所感。前方是一条茫茫的路，眼前是坦途，心中却是寂寞荒凉。他早已经厌倦了风光无限的御前侍卫身份，它给予了他并不渴望的名与利，支配着他的自由，左右着他的人生方向。这周遭的一切，都与他的向往背道而驰。

也许在很多人的眼中，他只是一个出身富贵不懂惜福的多情贵公子。

求而不得的人生里，这内心的挣扎和痛苦，与他人又有何不同？

若如初见，纳兰心事几人知

诗和远方，终是一场梦

康熙二十一年，纳兰容若的好友陈维崧去世了，享年五十八岁。他悄无声息地离开，给世间留下了诸多精彩著作，也给他的好友们留下一段珍贵的回忆。

回忆的美好，遇上现实的离别，碰撞出的是人生最复杂的味道。

带着对朋友的思念和回忆，纳兰容若的人生又迈向了远方。

在纳兰容若短暂的一生中，只有在奉旨“觇唆龙”的行动中，他的才华与抱负才得到了充分的展示。有学者认为，“唆龙”与索伦音近，容若所行即是索伦，且有相关史料可以予以佐证。

索伦大致是指一个地域，是指黑龙江上游和中游地区。

清代学者何秋涛在《朔方备乘》中写道：“其地人不尽索伦，有达斡尔，有鄂伦春，有毕拉尔，则其同乡而为部落者，世于黑龙江人，不问部族概称索伦，而黑龙江人居之不疑，亦雅喜以索伦自号，说者谓索伦骁勇闻天下，故借其名以自壮。兹记黑龙江诸部事迹，以索伦冠之。”

这一次的索伦之行，是因为朝廷在平定三藩叛乱期间，沙俄势力趁机渗透，向东扩张，对我国东北边疆地区产生了极大威胁。

在平定三藩后，康熙皇帝决定对沙俄予以还击。便选派了一支精干的队伍，以狩猎为名，前去索伦地区勘察敌情。

这支队伍由副都统郎谈、彭春率领。按照清代军制，将军出征皇帝一般会派亲信侍卫随从，全面地了解情况。纳兰容若也因此作为皇帝的心腹随行其中。

据《清实录》记载：“初鄂罗斯所属罗刹，时肆掠黑龙江边境，又侵入净溪里乌喇（精奇里江）诸处，筑室盘踞。上命大理寺卿明爱等，谕令撤回，犹迁延不去。而恃雅克萨城为巢穴，于其四旁，耕种渔猎，数扰索伦、赫哲、飞牙喀、奇勒尔居民，掠夺人口。上遣副都统郎谈、彭春等率兵往打虎儿（达斡尔）、索伦，声言捕鹿，以觇其情形。”

康熙二十一年八月，纳兰容若跟随着军队来到了索伦地区，历尽千辛万苦，终不负使命，完成了战略侦察，为后续的战备计划提供了重要的依据。

据与纳兰容若同出于徐乾学门下的弟子韩菼《通议大夫一等侍卫进士纳兰君神道碑铭》中记载："康熙二十一年秋，奉使觇唆龙。羌道险远，君间行，疾抵其界，劳苦万状，卒得其要领还报。后唆龙输款，而君已殁，上时出关，遣宫使拊其几筵，哭而告之，重悯其劳也。"

姜宸英在《通议大夫一等侍卫进士纳腊君墓表》中记有："二十一年八月，使觇唆龙。其地去京师重五六十驿，间行或累日无水草，持干糒食之。取道松花江，人马行冰上竟日，危得渡。仅抵其界，卒得其要领还报，上大喜。君虽跋涉艰险，归时从奚囊倾方寸札出之，叠数十纸细行书，皆填词若诗，略记其风土方物。"

这一路，充满艰难险阻。索伦地区离京城很远，他们一行人也曾行走冰上，冒着危险渡河，最终不负使命，获得了皇帝想要的情报。

出于职责，纳兰容若不负皇恩，出于个人志趣，容若也在此途中留下了不少佳作。

从容若此次行程中所填的词中，我们可以注意到一个人物：经岩叔。他名经纶，字岩叔，姚江人，是清代画家，善绘仕女。此次随行是为了绘制地形地貌。

此前，容若便与经岩叔相识，他曾到纳兰府中做客，还为纳兰容若临摹过萧云从的《九歌图》画卷。康熙十九年时，康熙曾到龙泉寺游览，因逢雨雪天气而在寺中暂住，纳兰容若作为侍卫也随行其中。当时，容若还为经岩叔题了扇面。作了一首《龙泉寺书经岩叔扇》：

雨歇香台散晚霞，玉轮轻碾一泓沙。
来春合向龙泉寺，方便风前检较花。

足见二人情谊之深。

这一次离京万里，远赴“唆龙”，路途艰辛而寂寞。纳兰容若与经岩叔也有了更多的机会深入交流。从诗词歌赋到风土人情，再到时局沉浮，他们常常畅谈到深夜。

纳兰容若在《通志堂集》中，曾记录了与经岩叔的交往。

绝域当长宵，欲言冰在齿。生不赴边庭，苦寒宁识此？
草白霜气空，沙黄月色死。哀鸿失其群，冻翮飞不起。
谁持《花间集》，一灯毡帐里。

——纳兰容若《唆龙与经岩叔夜话》

寒夜霜白，月色死寂，黄沙漫天，鸿雁离群……在这样苦寒的深夜里，诗人被冻得连牙齿都在打战。但仍然手持着《花间集》在毡帐里的微光下，吟咏着温柔的词句。

夜是寒冷的，但诗词是暖的，友情是炙热的。世界时有酷寒，但有些光和暖，永不熄灭。

苦寒之地，有经岩叔这样一位友人共品诗词，对纳兰容若来说，一定是充满了幸福感。

文学的魅力归根结底，源自情感。因此，这首情绪饱满的边塞词，成为纳兰容若的又一首佳作。

短暂相逢又别去，人生，总是聚散无常。

十月，经岩叔因事被召回，先行返京。离别时，纳兰容若心有诸多不舍，最终填词相送。

尽日惊风吹木叶，极目嵯峨，一丈天山雪。去去丁零愁不绝，那堪客里还伤别。　若道客愁容易辍，除是朱颜，不共春销歇。一纸乡书和泪摺，红闺此夜团圞月。

——纳兰容若《蝶恋花·十月望日与经岩叔别》

狂风呼啸，木叶凋零。极目远望，是巍峨的高山，一片白雪茫茫。这萧索的风景之下的词人，心中满是离愁。

据相关学者研究，这一年，纳兰容若作诗十二首，填词二十九阕。而这次行程中的作品占了大部分。

这一次出行，纳兰容若出色地完成了皇帝交付的任务，本应该意气风发，可在这些诗词中，我们读到的更多的情绪，是天涯羁旅的无尽愁思。

只是很多人都不懂，对于一个飘逸潇洒，向往诗酒年华的词人来说，这份世俗向往的荣耀，太过沉重。

在经历了远方的诗意苍凉后，纳兰容若的生活又回归了寂寞。熟悉的纳兰府，熟悉的皇家侍卫生活，熟悉的繁华与精致。而他，依旧痴痴地、无力地向往着茅庐竹巷，把酒东篱。

他还是时常伴驾出巡，览山川风光，却把心云隐于山林。

空山梵呗静，水月影俱沉。悠然一境人外，都不许尘侵。岁晚忆曾游处，犹记半竿斜照，一抹界疏林。绝顶茅庵里，老衲正孤吟。　　云中锡，溪头钓，涧边琴。此生着几两屐，谁识卧游心？准拟乘风归去，错向槐安回首，何日得投簪。布袜青鞋约，但向画图寻。

——纳兰容若《水调歌头·题西山秋爽图》

行走空山，垂钓溪头，抚琴岸边，填词赋诗……这是纳兰容若向往的诗和远方。那一刻，它就在这幅画中。这么近，又那么远。

他无法到达自由的远方，又不愿见眼前的寂寥。温暖和喜悦，只能到回忆里去寻找。

他常常会摩挲旧物，游走故地，回忆着朋友，思念着妻子。

回首前尘，思绪万缕，词情也渐渐浮起。

银床淅沥青梧老，屧粉秋蛩扫。采香行处蹙连钱，拾得翠翘何恨不能言。　　回廊一寸相思地，落月成孤倚。背灯和月就花阴，已是十年踪迹十年心。

——纳兰容若《虞美人·银床淅沥青梧老》

秋风秋雨如约而至，万物凋零，转眼又是一年，井边的梧桐在秋风秋雨中老去。他深爱的人，曾经行经此处。如今，青苔疯长，却荒无人迹。

故地重游，到处都是她的痕迹，却再也没有她的身影。独倚回廊，相思成疾。他吹灭了灯火，在月下花阴里继续寻觅。

十年，世事沉浮，发生了太多故事。十年，时光如水，冲淡了许多悲喜。

但她的踪迹犹在，纳兰容若的深情仍在，纵沧海桑田，始终无法忘怀。

不懂忘却的，又何止一人。

当年苏轼与王弗，恩爱有加，情深意笃。可是，命运的刀闸落下，用生死斩断了一对爱侣的幸福。

十年之后，旷达的苏轼，立于坟前，追忆种种过往，一不小心撕开了悲伤的口子，发出了“十年生死两茫茫，不思量，自难忘。千里孤坟，无处话凄凉”的悲叹。

酷爱诗词文章的纳兰容若当初一定会为此感动，而多年后，他在同样经历了与至爱生离死别的痛，经历过相遇相识相知，又无奈别离后，一定会另有一番深刻感受。

等一场温柔雨露

江南，烟雨如织，处处皆诗情，迷醉了无数文人墨客，也见证了不少才子佳人的故事。

过往岁月里的悲欢，都沉淀在了小桥流水、青桨篷船、石板古巷里。

康熙二十三年，纳兰容若已经擢升为一等侍卫。可对于一个无心功名的词人来说，他的生活和之前并没有什么差别。

这一年秋季，纳兰容若随皇帝南巡。伴驾多年，容若已经走过了很多地方，但这次出巡江南还是让他心中充满了兴奋。

纳兰容若的很多朋友都来自江南，他的心中也有一个江南梦。

他终于有机会，剥开它的面纱，与江南真实地相拥。

江南好，虎阜晚秋天。山水总归诗格秀，笙箫恰称语音圆。谁在木兰船。　　江南好，真个到梁溪。一幅云林高士画，数行泉石故人题。还似梦游非。　　江南好，水是二泉清。味永出山那得浊，名高有锡更谁争。何必让中泠。　　江南好，佳丽数维扬。自是琼花偏得月，那应金粉不兼香。谁与话清凉。　　江南好，铁瓮古南徐。立马江山千里目，射蛟风雨百灵趋。北顾更踌躇。　　江南好，一片妙高云。砚北峰峦米外史，屏间楼阁李将军。金碧矗斜曛。　　江南好，何处异京华。香散翠帘多在水，绿残红叶胜于花。无事避风沙。

——纳兰容若《梦江南·江南好》

如梦的江南，以极致的温柔和秀美，抚慰着纳兰容若的灵魂。

词的开头皆以“江南好”发端，这是仿效欧阳修歌咏颍州西湖《采桑子》十首的写法。山水如诗的苏州，风景如画的无锡，琼花盛放的扬州，灵秀壮阔的镇江……这一路，美不胜收，流到了纳兰容若的心底，又流淌到了诗词里。生活中的艺术与美，就这样静默地走进了永恒。

在词人的心中，江南已不是万里河山的一隅，而是一场烟雨如诗，时空交叠的梦。

《梦江南·江南好》共十首，另外三首描绘的是南京风光。

江南好，建业旧长安。紫盖忽临双鹢渡，翠华争拥六龙看。雄丽却高寒。　　江南好，城阙尚嵯峨。故物陵前惟石马，遗踪陌上有铜驼。玉树夜深歌。　　江南好，怀古意谁传。燕子矶头红蓼月，乌衣巷口绿杨烟。风景忆当年。

——纳兰容若《梦江南·江南好》

词中的建业，指的就是南京。这里曾是东吴、东晋、宋、齐、梁、陈、南唐、明等八代王朝的都城，因而被称为“旧长安”。纳兰容若以丰沛笔墨盛赞了南京的雄丽，也在繁华中萌生了一丝慨叹。

嵯峨的城阙，破败的皇陵，萧索的街市……繁华落尽，历史曾无数次演绎了兴亡。他借用“燕子矶”“乌衣巷”等历史古迹怀思过往，言语之外却浸透了伤今的哀愁。

在南京，康熙一行人到了江宁织造署进行了一次慰问。曹家一直被康熙皇帝器重，康熙六次南巡，四次把织造署当行宫。

彼时纳兰容若的好友曹寅的父亲曹玺，在六月病逝于江宁织造任上。当时，曹寅刚刚料理完父亲的丧事，康熙行至南京时，对曹玺的亲属进行慰问，容若也因此有机会和曹寅会面。

曹寅年少时曾是康熙的伴读，后来又和纳兰容若一样，做了御前侍卫。他与容若交情甚笃，在《题楝亭夜话图》《墨兰歌》《惠山题壁》等作品中，都曾提及纳兰容若。

曹寅在《题楝亭夜话图》中写道：

忆昔宿卫明光宫，楞伽山人貌姣好。马曹狗监共嘲难，而今触痛伤枯槁。

纳兰中进士后，隔了一两年选授三等侍卫，入上驷院，戏称“马曹”。曹寅供职銮仪卫并养鹰鹞处，自嘲“狗监”。两人同为康熙侍卫，交流颇多。

他们同时扈从康熙巡边出塞，更有同题吟咏，如纳兰有诗咏《柳条边》，曹寅词中亦有《疏影·柳条边望月》。容若有词《青玉案·宿乌龙江》，曹寅亦有《满江红·乌龙江看雨》。他们二人都曾对侍卫伴驾的人生心生惆怅，也有诸多的共鸣。

籍甚平阳，羡奕叶、流传芳誉。君不见、山龙补衮，昔时兰署。饮罢石头城下水，移来燕子矶边树。倩一茎、黄楝作三槐，趋庭处。　　延夕月，承晨露。看手泽，深余慕。更风毛才思，登高能赋。入梦凭将图绘写，留题合遣纱笼护。正绿阴、青子盼乌衣，来非暮。

——纳兰容若

《满江红·为曹子清题其先人所构楝亭，亭在金陵署中》

这里曹子清指的就是曹寅。整首词多处用典，兼具典雅与气度。赞颂曹氏家族声名显赫，千古流芳。

曹寅在《题楝亭夜话图》中写道："家家争唱饮水词，纳兰心事几人知？"很多人读纳兰容若的词却不一定懂他的词。而曹寅的问，恰是因为他懂得。

顾贞观是纳兰容若一生中最珍视的朋友。无论是身在京城，还是伴驾在外，他都是时常挂念着顾贞观，常会与他通信，分享一首好词，分享一段见闻，分享一点心事，也寄托一份浓浓的思念。

纳兰容若在江南也不忘给好友寄信，分享江南的风光：

及夫楚树连云，吴舠泊岸。牙樯锦缆，觉鱼鸟之亲人；清櫶碧油，喜风花之媚客。梁溪几曲，无异鉴湖；虎阜一拳，依稀灵岫。千章嘉树，户户平泉。一领绿蓑，行行西塞。品名泉于萧寺，听鸟语于花溪。昔人所云茂林修竹，清流激湍者，向于图牒见之，今以耳目亲见之矣。且其土壤之美，风俗之醇，季札遗风，人多揖让，言偃故里，士尽风流。稻蟹莼鲈，颇堪悦口。渚茶野酿，实足销忧。

在二人的通信中，顾贞观常常提到一个名字：沈宛。纳兰容若也注意到了这个别致的女子，在给顾贞观去信中提到“琴川沈姓有女颇佳”，指的就是沈宛。

此外还有信言“吾哥所识天海风涛之人，未审可以晤对否？弟胸中块垒，非酒可浇，庶几得慧心人以晤言消之而已。沦落之余，方欲葬身柔乡，不知得如鄙人之愿否耳？”这里的“天海风涛之人”，指的也是沈宛。

“天海风涛”的典故出自诗人李商隐与柳枝的故事，李商隐曾因缘际会，与柳枝相识，两人一见倾心，约定三日后河边相会，以诗定情。

可是命运弄人，好友温庭筠戏弄李商隐偷偷带走了他的书箱，李商隐再三思量，决定去追温庭筠，因此错过了与柳枝的约定，也错过了美好的爱情。后来满心遗憾的李商隐作了《柳枝》五首，记录了与柳枝的故事，将这段美丽而遗憾的故事收藏于记忆。

同时，李商隐也为这五首诗作了序。“柳枝，洛中里娘也。生十七年，涂妆绾髻，未尝竟，已复起去，吹叶嚼蕊，调丝擫管，作天海风涛之曲，幽忆怨断之音。”在纳兰容若心中，沈宛就是如同柳枝一般，精通音律，又有满腹的才情与柔情。

一段情，也在纸墨间生发。

沈宛是一个喜爱诗词的才女，心思柔软，样貌清秀。

在见到纳兰容若之前，她就深深地爱上了容若的词。容若的词集，她读了一遍又一遍，又一字一句地抄写下来，细细地玩味品读。

在诗中，她看到了他纯真玲珑的心。这是诗词的魅力，但也需要敏锐的感知力。

隔着千万里，两人通过美丽的词句，实现了灵魂的共振。

谢章铤曾在《赌棋山庄词话》中写道：“容若妇沈宛，字御蝉，浙江乌程人，著有《选梦词》。述庵《词综》不及选。《菩萨蛮》云：‘雁书蝶梦都成杳。云窗月户人声悄。记得画楼东，归骢系月中。醒来灯未灭。心事和谁说。只有旧罗裳，偷沾泪两行。’丰神不减夫婿，奉倩神伤，亦固其所。”

缘分的牵引之下，才女与才子即将碰撞出一曲清脆的弦音。第一个调子，演绎的却是错过。

在纳兰容若伴驾远赴江南时，顾贞观已经带着沈宛来到了京城。

错过之后，沈宛选择了等待。也许是因为对纳兰容若才情的欣赏，也许是因为一种对偶像的崇拜，又或许是她在读透了他的词后，不自觉生出了一份期待。

总之，她相信，他值得等待。

这是沈宛第一次来京城。此前，她以为自己一生都不会离开江南。直到纳兰容若的一阕阕词，闯进了她的生命。在宿命的牵引下，她来到了繁华的京城。这座完全不同于江南的城市，包裹了纳兰容若的人生。

因为一个人，这座城市似乎有了不一样的温度和色彩。沈宛在京城里，读着纳兰容若的诗词，等待着他的归来。

离别后各安天涯

时间因等待显得格外漫长。康熙南巡结束，纳兰容若终于归来。

也许是某个美丽的黄昏，容若与沈宛终于相见。初见，恰如久别重逢。也只有这样的温度，才能抵御寂寥的岁月。

诗词盘结成了千丝万缕的情感，拉近了他们之间的距离。常常是容若填了几句词，她就读出了他的心绪。她就这样如诗如水般，渐渐地流淌到了容若心底。

他们尽情地填词赏文，沉醉在笔墨的世界里，流连于寻常的生活里。世间的繁华与落寞，名利与得失，都与他们无关。

沈宛，如同纳兰容若的一场温柔的梦。那些日子，他的苦闷终于得到了释放。他那颗悲伤凄冷的心，也终于有了温度。

纳兰容若希望自己不要在梦中醒来。他不想只做她生命中短暂相逢又别去的过客。他希望能与佳人共度此生。

现实是一把冰冷的剪刀，所有初见的美好，所有温柔的愿望，都无法逃避现实的锋刃。纳兰容若娶沈宛为妻的想法，遭到了父母的强烈反对。

他们疼爱儿子，却不可能给他婚姻的自由。骄傲的叶赫那拉家族，不容许出现一位毫无背景的汉族女子。她的才学与温柔，在门第面前不值一文。并且，此前他们已经为容若续弦娶了官氏。

既然门第不容，那便不必让这段爱情进入纳兰府的宅院。她只能止步于“红颜知己”这个“名分”里，徘徊在他世界的边缘地带。

在《全清词》中收录了一首陈见龙的词，可以推测，纳兰容若曾纳沈宛为妾。

佳人南国翠蛾眉。桃叶渡江迟，画船双桨逢迎便，细微见高阁帘垂。应是洛川瑶璧，移来海上琼枝。　何人解唱比红儿，错落碎珠玑。宝钗玉臂樗蒲戏，黄金钏，幺凤齐飞。潋滟横波转处，迷离好梦醒时。

沈宛是浙江湖州人，因而被称为南国佳人。文中用了“桃叶渡”的典故，它指的是秦淮河上的一个古渡口，相传王献之曾娶桃叶为妾，曾赋《桃叶歌》“桃叶复桃叶，渡江不用楫。但渡无所苦，我自迎接汝”，以此比喻容若纳沈宛为妾。

因为不被家族所接纳，沈宛被纳兰容若安置在京城内一处别院，他们的结合没有繁复的礼节，而是如一对平凡的眷侣，听从了心的向往，携手走进了这段感情。

在那里，他们度过了一段如歌般的日子。

> 欲问江梅瘦几分，只看愁损翠罗裙。麝篝衾冷惜余熏。　可耐暮寒长倚竹，便教春好不开门。枇杷花底校书人。
>
> ——纳兰容若《浣溪沙·欲问江梅瘦几分》

很多人认为，这首词是纳兰容若为沈宛所作。在词中，容若把她比作“江梅”，虽然不是最美艳的，却无意与人争春，也因而有了一份高洁超然之美。

结句中的“校书人”指的是唐代才貌无双的名妓薛涛，纵观纳兰容若的人生，也许只有沈宛与薛涛相似。“愁损”“衾冷”“可耐”几个词可以看出，他深深地懂得她的愁绪与孤独。

一个男人，既能欣赏你的美，又能读懂你的心。这样的爱情像诱人的佳酿，沈宛也心甘情愿地醉了。为此，她放下了骄傲，成为那个日夜苦等情郎的女子。

他们填词、煮酒、抚琴，随意畅谈。用满心的悲欢与哀愁，尽情地浇灌着诗词歌赋。这样温馨惬意的幸福画卷，既熟悉，又那么遥远。

纳兰容若还是会忍不住想起卢氏，想起当年的幸福光景。只是，她已经长眠于黄土。他可以做到，不去向沈宛诉说对卢氏的思念，但是他无法做到忘记她，卢氏早已在纳兰容若的心中生了根。

爱与思愁交融，人生越往深处，越会尝尽复杂的味道。

纳兰容若的诗词里开出各色凄艳的花朵，长成了一片花海。纳兰容若不说，但沈宛知道，有一片秘密花园是属于他最爱的人——卢氏。那是她永远无法到达的远方。不过，沈宛从未想要代替卢氏。因为纵游人间，既然相逢，即便是大醉或者大梦一场，已是无憾。

在那段短暂的时光里，幸福开到了他们内心的深处。

可无常的命运中，美好总是那么短促。现实的风雨，再次袭来。

生活不只有风花雪月。除了与沈宛品词赏文，他还需要履行侍卫的责任，也要以长子身份处理好纳兰府中的家事。

尽管纳兰容若无比渴望挣脱世俗和名利，但“责任”二字也沉重地压在肩上。

初见的欣喜渐渐被寂寞冷却，沈宛越发地感到孤独。更多时候，她都在靠回忆抵御着寂寞。思念如同蔓藤，在时间的浇灌下疯长，紧紧地缠绕着沈宛的心。

有时候，她会忍不住回想，是从什么时候开始，她对他有了这么多的依恋。

最初，她也许只是想见一见这位写下动人词句的才子。缘分，让他们相识、相知。而爱情，却以最美好的方式击溃了她的克制。再回首，已经深陷其中，难以自拔。

一方面，除了那些短暂的诗情画意，她越发渴望与他长相厮守。可另一方面，她又成熟理智地看到了现实中的不可能。也许，她只能寄望于来生落户山水人家，与他共赴寻常布衣生活，做一对平凡夫妻。

时间悄然前行，却没有给纳兰容若和沈宛带来他们渴望的答案。一段美丽的感情被现实击碎。来自家庭的压力，让纳兰容若无法喘息。侍卫的职务让他厌倦疲惫，又无法逃离。

沈宛发现，纳兰容若常常会在深夜里辗转反侧，他常常是正说着什么，眼神忽地黯淡。他常常会不自觉地发出一声轻叹。来自现实的一重又一重的压力，让容若眉宇间布满愁云。它挂在了容若的眉头，也压在了沈宛的心头。

如果这段爱，带给他更多的是压力和折磨，倒不如离去。

惆怅凄凄秋暮天，萧条离别后，已经年。乌丝旧咏细生怜。梦魂飞故国，不能前。　　无穷幽怨类啼鹃，总教多血泪，亦徒然。枝分连理绝姻缘。独窥天上月，几回圆？

——沈宛《朝玉阶·秋月有感》

这首词是纳兰容若去世后沈宛所作，除了写尽了沈宛的离情幽怨，“枝分连理绝姻缘”足以证明了这段感情终以分别画上了句号。

曾经，因为爱，她想与他朝暮相守；如今，同样因为爱，她选择与他分别。

沈宛，应该算得上是一位至情至性的女子了。

这一壶深情，终被世俗打翻。再回首，满身伤痕。

沈宛决然地离开，从京城回到了江南。用离别封存了这段情缘中的美好，也帮纳兰容若释放了来自家庭的重压。

再回江南，回到她熟悉的温山软水，她还是沈宛，却又不是曾经的那个沈宛。

人生的旅程是如此的奇妙，沐浴过爱的河流，岁月也镀上了微光。

烟暖雨初收，落尽繁花小院幽。摘得一双红豆子，低头，说着分携泪暗流。　　人去似春休，卮酒曾将酹石尤。别自有人桃叶渡，扁舟，一种烟波各自愁。

——纳兰容若《南乡子·烟暖雨初收》

很多人都认为，这是纳兰容若写给沈宛的词，写的是送别时的场景。

那一天雨后，暖雾氤氲，层层浮起，本来应该充满浪漫的诗意。只是，一回头，那所幽静的小院，已经繁花落尽，就如同他们的缘分。

他伸手轻轻地摘下那枝头的红豆，脑海中一定不自觉地回想起了王维的《相思》：

红豆生南国，春来发几枝，
愿君多采撷，此物最相思。

一低头，离别的泪，肆意横流。他又一次这么真切地尝到了相思的味道。

她终是离开了，带走了纳兰容若生命中的最后一个春天，留下了孤独的人，捧着酒在溪头独自伤怀。离别后，一种相思，两处闲愁。

也许，这是除了那段短暂的感情之外，沈宛得到的最好的礼物。离别相思苦，但她终于在他汪洋的思念之海中，有了小小的一叶扁舟。

曾经纳兰容若心中的那个“天海风涛”之人，到头来，谱的是一曲离别的悲歌。

只是，他们都没有想到，这一别就是永远。纳兰容若半年后溘然长逝，沈宛回归江南，消失在了历史的视野中。

沈宛来过，又离开了。一段短暂的情感波澜后，生活看似又恢复了平静。可平静之下，纳兰容若复杂的情绪越来越汹涌。失了温的爱情，失了色的世界，一切都索然无味。

仕途越来越顺利，他的内心却感到越来越疲乏。

如此不自由的人生，再华丽的铠甲也是冰冷的。他能做的，只是站在现实的城门上，眺望远方的沧海与长空。

梦想总是美丽的，却也是遥不可及的。可他的好友严绳孙，却洒脱地解开了仕途与功名的羁绊。他请假南归，实则是归隐。

一挥手，世俗皆为浮云。

好友实现了自己内心向往的人生，除了离别的伤怀，纳兰容若更是感慨万千。临别时，赋诗相送。

人生何如不相识，君老江南我燕北。
何如相逢不相合，更无别恨横胸臆。
留君不住我心苦，横门骊歌泪如雨。
君行四月草萋萋，柳花桃花半委泥。
江流浩淼江月堕，此时君亦应思我。
我今落拓何所止，一事无成已如此。
平生纵有英雄血，无由一溅荆江水。
荆江日落阵云低，横戈跃马今何时？
忽忆去年风月夜，与君展卷论王霸。
君今偃仰九龙间，吾欲从兹事耕稼。
芙蓉湖上芙蓉花，秋风未落如朝霞。
君如载酒须尽醉，醉来不复思天涯。

——纳兰容若《送荪友》

人生何如不相识，如果不是经历了人间浮沉，又怎么会发出这样深沉的叹息。人生聚散如风，我们都是这命运里的萍客，相逢时，舞墨填词，快意人生。离别时，挥泪告别，唱一首骊歌。

离别之情，汪洋如海，难以诉说得尽。除了这首诗，纳兰容若还作了其他几首诗词相送。

分别后，各安天涯。孤独的纳兰容若，捧着曾与友人谈笑风生的回忆，又投身于寂寥的人生。

他没能撞破现实的铜墙铁壁，只能在诗词的世界里，安放着他云隐江南的梦。

人生若只如初见

彼时的纳兰容若，已经是一等侍卫，深受皇帝赏识。但容若对他的仕途人生没有半点筹划，反而是一心想要编撰一部称心的词选。一番思量后他便给广东的宿儒梁佩兰写信，邀请他北上，希望他能够帮助自己完成这部词选。

梁佩兰号药亭，《与梁药亭书》正是写给他的邀约之函：

> 不知足下乐与我同事否？有暇及此否？处此雀喧鸠闹之场，而肯为此冷澹生活，亦韵事也。望之望之！

在这封信中，纳兰容若还洋洋洒洒地表达了自己对词的理解。他说自己自从懂得创作开始，就非常喜欢《花间集》中情真意切的作品。因为词的表达细致入微，音韵自然流畅。

纳兰容若一直苦恼于没有一部好的词选，只有《花间集》和《中兴以来绝妙词选》还算得上是佳作。此外，他还提出了编选词集的一些观点。词集并不一定求博，唯有以作品的水平作为选择标准。如果有人作品写得好，选上个十篇、百篇也无妨，而如果作品不好，这样的词人也根本无须提及……

在信中，纳兰容若言辞恳切，表达了诸多对编选词集的见解，最后向老先生发出了邀请。询问老先生是否有这样的时间，与自己一同完成这件事。

在浮躁的世界里，纳兰容若静静地编选着古人的诗词佳作，这种生活，虽然清冷，却不失韵致。

一封薄薄的信，承载着纳兰容若的思绪与期盼，飞跃了万水千山，送到了梁佩兰手中。他一字一句地读罢，不觉间心中被点燃了一束火焰。

作为一个挚爱诗词的文人，梁佩兰被深深地打动了，这让他不禁回想起了年少时的满腔壮志。他也曾和纳兰容若一般，为梦想燃烧过，渴望大展拳脚，为当代文坛做点什么。如今，这位词坛新星抛出了橄榄枝，他随即爽快地应允，来到了京城，与纳兰容若会合。

梁佩兰的到来，让纳兰容若非常欢喜，于是便邀请了顾贞观、姜宸英等好友，为梁佩兰接风。渌水亭内，因为友人相聚，又有了生气。把酒言欢之际，纳兰容若有时会忽然走了神儿，因为有些朋友，再也无法重聚了。

梁佩兰在后来的祭文中先是记载了渌水亭的咏夜合花诗会，说纳兰容若主持诗会：

四方名士，鳞集一时。埙篪迭唱，公为总持。良宵皓月，更赋夜合。或陈素纸，或倚木榻。陶觞抒咏，其乐洋洋。

彼时，渌水亭畔，夜合花温柔地绽放，与渌水亭的风光相互映衬，别有情趣。于是，有人提议以“夜合花”为题，各自赋诗。

这是文人们乐此不疲的活动，容若也即兴创作了一首。

阶前双夜合，枝叶敷华荣。
疏密共晴雨，卷舒因晦明。
影随筠箔乱，香杂水沉生。
对此能消忿，旋移近小楹。

——纳兰容若《夜合花》

阶前那两株美丽的夜合花，枝叶繁茂，疏密有致。花朵因为昼夜开合不同，摇曳的影子映在竹帘上变得有些零乱。它的芬芳混杂着花香与沉香。据说，对着这夜合花能消除心中愁闷，诗人便移步前厅，尽揽花香。

忧愁的种子，已经种在了纳兰容若的心上，成为他灵魂的一部分。世间风月，皆含愁情。这夜合花，又怎么会例外呢？

一首美丽的小诗，有幽然，有芬芳，有凌乱……

可当时不曾有人料想到，它竟成了纳兰容若生命中的绝笔。

渌水亭酒宴散去，彼此道了一声珍重，来日再聚。众人都以为来日方长，谁知道第二天，纳兰容若便一病不起。

盖世的才华，遇见了多愁多病的肉身，故事注定要走向悲伤。纳兰容若一直身患寒疾，年少时就曾因为寒疾而错过了进士的考试。时间越久，他的寒疾便越重，恢复的周期也就越长。尤其是他常年伴驾，经常跟着皇帝出巡，走过了不少苦寒之地，环境的变化加剧了他的病情。而彼时，沈宛又离开了他。人生的千疮百孔，让他尝到了太多的悲苦愁情。

纳兰容若变得更加憔悴虚弱，这一次寒疾袭来，彻底将他击倒。他连续七日高烧不退，又滴汗未出。急得纳兰明珠遍寻名医，却仍是没有好转。康熙皇帝听说纳兰容若病重，也为此而担忧，派遣御医为其诊治，并要求及时汇报容若的病情。

徐乾学就曾在给纳兰容若写的祭文中写道：

容若既得疾，上使中官侍卫及御医日数辈络绎至第诊治。于是上将出关避暑，命以疾增减报，日再三。疾亟，亲处方药赐之，未及进而殁。上为之震悼，中使赐奠，恤典有加焉。

皇帝的恩典，父母的担忧，朋友的惦念……终是没能将纳兰容若从生死线上拉回来。最后，纳兰容若闭上了双眼，停止了呼吸。他的生命，连同那夜合花，一同凋谢了。

一曲华丽的歌，戛然而止。时间之外，他走进了永恒与静默，也将那些璀璨的记忆和遗憾，留在了人间。

他云隐江南，把酒临风，填词赋诗的梦想，还没有实现。

他已经筹划好的词集还没有编选。

康熙二十四年五月三十日，纳兰容若在人世停留了三十一载后，悄然离世。那一天刚好是妻子卢氏的忌日，一切好似命中注定，容若放下了人间的纷纷攘攘，去赴了卢氏之约。也许，在时间之外，他终于可以和卢氏相守，吟诗填词，闲看落花。

一个纯情的公子，或许本不该生在这复杂的人世间。他离开尘世，也离开了喧嚣，我们愿意相信，在另一个纯净的世界里，纳兰容若可以潇洒如风，做一个落拓不羁的词人。我们愿意相信，那里有他爱的人在等待。

只是，这样突然的消息，对活着的人是巨大的冲击。纳兰容若的父母，失去了最疼爱的长子。纳兰容若的朋友，失去了一个珍贵的友人。

在他去世后，顾贞观、徐乾学、姜宸英、严绳孙、韩菼等人纷纷写下了祭文悼念。他们用自己的视角，回头望向岁月深处，追忆着纳兰容若的来时路。

纳兰容若天资聪敏，才华横溢。一生痴狂执着的，不过是诗词与感情。

在徐乾学撰写的《皇清通议大夫一等侍卫佐领纳兰君墓志铭》中提到：

> 自幼聪敏，读书一再过即不忘。善为诗，在童子已句出惊人，久之益工，得开元、大历间丰格。尤喜为词，自唐、五代以来诸名家词皆有选本，以洪武韵改并联属名《词韵正略》。所著《侧帽集》后更名《饮水集》者，皆词也。好观北宋之作，不喜南渡诸家，而清新秀隽，自然超逸，海内名

为词者皆归之。他论著尚多……

诗词是他的命，他逝去，也活着，活在诗词的世界里，活在了大清文坛的舞台上。那些精彩的词作，带着他的爱与痴，在时间的河里，流向永恒。

生命落笔终结之处，不得不提到一首词。

人生若只如初见，何事秋风悲画扇。
等闲变却故人心，却道故人心易变。
骊山语罢清宵半，泪雨零铃终不怨。
何如薄幸锦衣郎，比翼连枝当日愿。

——纳兰容若《木兰花·拟古决绝词柬友》

纳兰容若这首传唱度最高的词，被很多人当爱情篇章来解读。的确，“人生若只如初见”像极了爱情的慨叹。而实际上，却是纳兰容若模仿古乐府的决绝词为朋友所作。

跳出纳兰容若那时那刻的心绪，又何尝不是写尽了他的人生。“人生若只如初见”，最初的一切，都是刚刚好的样子。

在这短暂而绚丽的人生路上，他深情如海，尝遍了爱与痛，也呵护了内心纯净的灵魂。

任千帆过尽，世事沉浮。时间之外，他仍是那翩翩公子，每一瞥，皆如初见。

后记

生而有涯，不如尝遍人间。

他来到这世间三十一载，尝了爱恨，也尝尽了悲欢。

命运布了一个局，充满了矛盾和艺术感。乌衣公子，身处富贵，却偏爱墨海行舟，想要做一个落拓不羁的文人。身被富贵功名所累，心却向往山水间把酒填词。

人生无论光鲜与平凡，各有各的求而不得。任由命运的羁绊，纳兰容若倔强地活着。在半梦半醒之间，为情痴，为词狂。

在感情的世界里，他尝过初恋的甜，离别的涩。经历了琴瑟和谐的浓情蜜意，也在跌宕起伏后找到了一丝温暖。

当一段段深情被命运打翻，他才懂得原来离别也有千般滋味。于是，一首首悼亡词，凄婉哀恸。

就这样，诗词成了一条条船，载着纳兰容若一重又一重的情感，途经人间，又渡了无数惆怅的人。

“家家争唱饮水词，纳兰心事几人知。”也许，我们从来都没能读懂纳兰容若，因为我们自始至终都在读自己。

他用一阕阕词，在人们心中播下了一颗颗诗意的种子，扎下了根，又长出不同的果实。

这一生，悲欢离合，万千滋味交织在一起。他用命运、用深情，为诗词献祭。

他曾来过，热烈地爱过、活过，也悲伤过，遗憾过……

他转身，在世俗间消失，却被时间记住了名字。

无数后来人，泛舟于文字间，都会忍不住轻声问候：纳兰容若。